秋葉原事件を忘れない

この国はテロの連鎖へと向かうのか

中島岳志
雨宮処凛
杉田俊介
斎藤環
平野啓一郎

かもがわ出版

まえがき

〈中島岳志〉

2008年6月8日午後12時33分。

休日で歩行者天国となっていた秋葉原の交差点に、2トントラックが突っ込み歩行者5人をはねた。トラックを降りた運転手はダガーナイフを持って暴れ回り、通行人を次々に刺した。

死者7人、負傷者10人。

「わが国の犯罪史上類例を見ない凶悪犯罪」といわれる無差別殺傷事件を起こしたのは、当時25歳の加藤智大《ともひろ》だった。

彼は青森県生まれで、地元の名門校・青森高校を卒業後、短期大学卒業を経て仙台で警備会社の仕事に就いた。その後、職を転々とする間に携帯電話の掲示板サイトにはまり込み、大量の書き込みを行うようになった。彼にとっての居場所は、現実世界から次第に掲示板サイトに移り、2度の自殺未遂を経て、静岡県裾野市の自動車工業で派遣社員として働いた。

職場では友人ができたものの、掲示板サイトへの依存からは抜け出すことができず、書き込みに対して、掲示板仲間からレス（返信）があることを生きがいとした。そこに彼になりすましたニセ者が出現し、管理人が十分な対応をしなかったため、掲示板は荒れた。居場所を失った彼は、自分がどれほどイヤな思いをしたのかを知らしめるために、秋葉原で無差別殺人事件を行った。

秋葉原事件の前後、無差別殺傷事件が相次いだ。この事件の数カ月後にはリーマンショックが起こり、格差社会の問題が一気に露呈した。

新自由主義が蔓延した社会では、自己の苦しみの原因が見えづらい。社会構造の中で強いられた苦境も、自らの意思で選択してきた結果であるように思わされる。そのため、敵が見えにくい。

私は当時、頻発する無差別殺傷事件の特徴を、「敵が見えない殺人」だと論じた。誰が自分を苦境に追いやったかが不鮮明であるため、特定の誰かを暴力のターゲットとすることができないのではないかと論じた。

一方、この無差別殺傷事件が明確な標的を定め始めると、テロの時代がやってくるのではないかと考えた。

似ていると思ったのは戦前の日本だった。１９２０年代から30年代にかけて、様々なテロ・クーデター事件が頻発した。

即座に頭をよぎったのが朝日平吾《あさひへいご》という人物だった。彼は、自己承認欲求をこじらせ、煩悶を抱え込んだ末、安田財閥のトップに君臨した安田善次郎を刺殺し、自らも命を絶った。彼は生きづらさを抱え、日記に「癪《しゃく》だ、癪だ」と書き込み、その苛立ちを暴力へと転嫁していった。

朝日の日記は、加藤のネット上への書き込みと重なった。私は現代を歴史から照射するために朝日平吾の人生を辿り、『朝日平吾の鬱屈《うっくつ》』（筑摩書房、２００９年。のちに『テロルの原点―安田善次郎暗殺事件』と改題して新潮文庫から出版）を書いた。

私が恐れたのは、テロの連鎖だった。朝日平吾の事件は模倣犯を生み出し、事件から約1カ月後に時の首相・原敬が暗殺された。このようなテロの連鎖は、治安維持権力の肥大化につながり、自由な言論空間が失われていった。

私はこの本の中で、「テロが起きてほしくない」と書いた。そして「このままでは、安田善次郎刺殺事件のような出来事が起きてしまう可能性がある」と書いた。無差別殺傷事件は、いずれターゲットを明確にし、テロ化していく。そうすると、治安維持権力が拡大し、言論の自由が失われていく。そんなことを心配した。

そうこうするうちに、秋葉原事件の裁判が始まった。世の中の一部は、加藤智大を格差社会の被害者と見立て、彼が裁判で派遣労働という労働形態の問題を告発することに期待した。一部では、彼を英雄視する見方も出ていた。しかし、彼が裁判で語ったのは、携帯サイトの掲示板に「なりすまし」が現れたことへの不満とそれに管理人が適切な対応を怠ったことへの憎悪だった。

起こした事件の「大きさ」と、犯行動機の「小ささ」のギャップに、多くのマスコミは戸惑った。そして、徐々に秋葉原事件への関心を失っていった。裁判が進行しても、報道はほとんどなされず、世の中もこの事件を忘れていった。

私は裁判に通い、加藤の足跡を追い続けた。地元青森などで友人を探し、話を聞いていった。そして、2011年に『秋葉原事件 加藤智大の軌跡』(朝日新聞出版、のちに朝日文庫)を出版した。彼が起こした事件の「引き金」は掲示板上のトラブルだったかもしれないが、「弾」の部分は彼固有の生きづらさの問題があり、彼を追い込んだ新自由主義の構造があると論じた。

この本の「文庫版あとがき」に、私は次のように書いた。

加藤が「しまった」「もっと生きていればよかった」と心底悔しがるような社会を作ることが、この本を書いた私の責務だと思う。

やるしかない。

加藤君、僕は君を徹底的に後悔させるために、がんばるよ。

しかし、その後も格差は拡大。アベノミクスによって預貯金ゼロ世帯は増え続け、国民の約2割が貯蓄なしで老後を迎える事態になっている。

そして、2022年に安倍晋三元首相が暗殺され、2023年には岸田文雄首相への爆発物投下事件が起きた。

人生がうまくいっておらず、生きづらさを抱えた男性が、ターゲットを明確化し、暴力を発動した。一種のテロの連鎖が起こり、警察は選挙中の職務質問・手荷物検査の強化を行った。安倍元首相暗殺事件の後には、加藤の死刑が執行された。

私は、生前の加藤を後悔させることができなかった。むしろ悪い予想が当たり、現代日本はテロの時代へと足を踏み出している。このままだと日本は危うい状態に突入してしまう。そんな危機感を私は強く持っている。

だからこそ、いまの時点から秋葉原事件とその後の15年を検証する必要がある。それは、私たちがどこに立っているのかを見定める作業になるはずである。

秋葉原事件を忘れてはならない。

秋葉原事件を忘れない

この国はテロの連鎖へと向かうのか

◆もくじ◆

第１章

秋葉原事件の背景とロスジェネの鬱屈

〈中島岳志／雨宮処凛〉

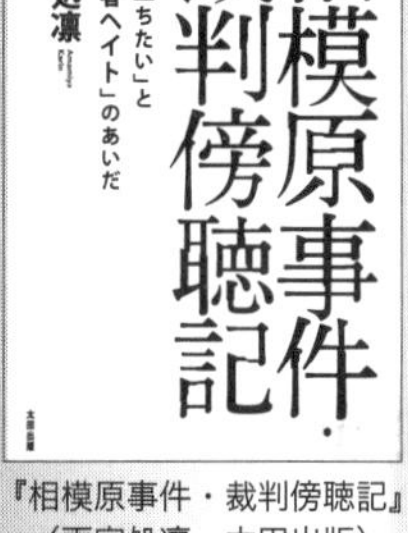

『相模原事件・裁判傍聴記』（雨宮処凛、太田出版）

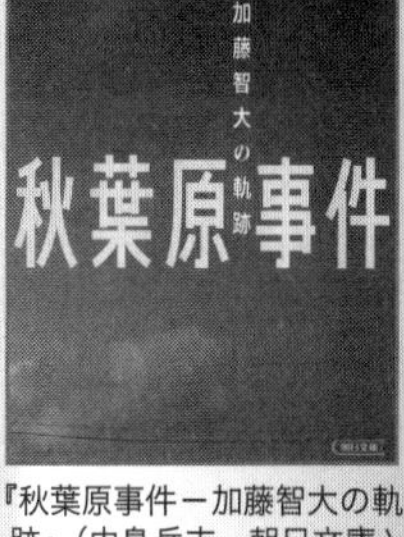

『秋葉原事件ー加藤智大の軌跡』（中島岳志、朝日文庫）

第1回対談（2022.10.20）

中島岳志
雨宮処凜

◆秋葉原事件の経緯とそれを本にした思い

雨宮　最初に中島さんから、秋葉原無差別殺傷事件そのものの経緯をふり返っていただきたいと思います。中島さんが何故『秋葉原事件─加藤智大の軌跡』を書くほどに、あの事件に関心を持ったのか、そこからお話しいただけますか。

中島　わかりました。あの7人が死亡し10人が重軽傷を負った秋葉原事件が起きたのは２００８年6月でしたが、状況としては、この年の秋にリーマンショックが起き、大きな不況の波がやってきて、年末から年始にかけて派遣村がありました。それは麻生内閣時代で、年が明けて麻生首相は「市場原理主義からの脱却」を表明しましたが支持を得られず、２００９年に民主党政権に代わりました。僕と雨宮さんが最初に出会ったのは、その1年ぐらい前じゃないかと思うんですが……。

雨宮　２００６年じゃないでしょうか。毎日新聞の対談でしたね。

中島　雨宮さんが『生きさせろ！　難民化する若者たち』（太田出版、のちにちくま文庫）を出す少し前でしたね。自分の中にあるロスジェネ世代の生きづらさが、単なる個人的な問題ではなく、ある種の社会構造の問題が背景にあり、新自由主義がもたらす生きることの苦悩があるんじゃないかと指摘された。そこからプレカリアート運動（プレカリアートは「不安定なプロレタリアート」という意味の造語で、プレカリアート運動は「生きさせろ！」とデモなどをする生存運動を指す）に踏み出しておられた、そんな時だったんですね。

僕と雨宮さんは同い年で、その世代のど真ん中でした。そんな僕たちの時代の鬱屈というか生きづらさが、暴発しなければいいなと思っていた時に起きたのが、秋葉原事件でした。だから、同じ世代の論客の人なども、「これは僕たちの時代の事件なんだ」と言っていましたね。

報道の世界では、加藤智大は派遣労働者だという報道がありました。それで僕は、彼がネット上の掲示板に行った書き込みをざっと保存したりしていたのですが、さすがにその時には、秋葉原事件のことを一冊の本として書こうとは思っていませんでした。

ところが、裁判が始まってみると……雨宮さんも一緒に行ったこともありましたが……加藤自身が「この事件は派遣の問題ではない」と強く主張したわけです。事件の直後には、加藤が現代の生きづらさを体現しており、その苦しさを文学的な表現で書き込みをしていたことから、ヒーロー視する動きまでありましたが、加藤はそれを全面的に否定して、SNSの「掲示板に偽者が現れた」とか「なりすましが現れたことが、自分にとって辛かったんだ」と言い始めました。その瞬間に、新聞記者たちが「何だよ」みたいな反応をしたのをよく覚えています。新聞もテレビも、これを派遣労働とか新自由主義がもたらした弊害の事件であると、時代の問題として取り上げたかったのに、加藤は皮肉たっぷりにそんなことではないと否定したわけです。

あまりにも小さい動機があれほど大きな事件に繋がったということのギャップをみんなが埋められずに、裁判が進めば進むほど、秋葉原事件は見向きもされなくなっていきました。そこで僕は、この事件はディテールが重要だと考え、それを書こうと思ったんです。つまり、決定的な要因はこれだとなかなか名指ししにくい事件で、彼の中にいろんな要素が積もり積もっていった。最終的に事件に至ったプロセスの中にこそ、時代の問題が含まれていると思ったんです。

なぜ秋葉原事件のディテールを知りたいと思ったのかというと、こういう事件がテロなどに繋がっていく可能性があると思ったからです。『秋葉原事件』の執筆とほぼ同時期に、『朝日平吾の鬱屈《うっくつ》』（のちに『テロルの原点』と改題して文庫化）という本を書いていますが、僕にはこの事件と戦前のテロとが重なって見えたんですね。

ただ、秋葉原事件の場合には、明確なターゲットが加藤には見えなかった。自分の生きづらさが何によって強いられているのか、何がその原因なのか、彼自身いろんなことを書いていますが、最後まで見えないんですね。だからあの当時には、「無差別殺傷事件」というネーミングになった。しかし、無差別だったものが、抽象的ではあれターゲットが具体化してきたのがこの5、6年ぐらいだと思っているんです。それが、障害者の存在を否定する大量殺人事件「津久井やまゆり園事件」とか、「幸せそうな女性を見ると殺してやりたいと思った」という小田急線の無差別刺傷事件だったわけです。

こうして、自分の生きづらさの先にあるターゲットを、抽象的でありながら具体化していって、ついに山上徹也容疑者が起こした安倍晋三元首相銃撃事件に至った、これが10数年のプロセスだと思います。秋葉原事件があった時に、これが政治テロに繋がる可能性は十分にあるなと思ったんですが、残念なことにそれが当たってしまった。われわれロスジェネ世代の鬱屈が政治テロに繋がる可能性についてどう考えたらいいのか、そのために秋葉原事件をちゃんと見ておかないといけないというのが本を書く最初のきっかけでした。

◆派遣労働者の当時と現在

雨宮　ありがとうございます。

事件から14年後の2022年7月、加藤死刑囚の死刑執行がありました。安倍元首相銃撃事件から18日後のことでした。執行を受けて事件当時に自分が書いたものを読み返したんですが、今の状況との落差に愕然としました。当時はまだ牧歌的だったと。

事件が起きた2008年、私は33歳でした。ロスジェネはまだ25～35歳くらいと若くて、みんな、今声を上げたら正社員になれたり、望めば結婚して子どもを産めるような未来が来ると信じていました。

私がプレカリアート運動に関わり始めたのが2006年。2007年の始めに『生きさせろ！　難民化する若者たち』という本を出しました。それから今に至るまで貧困問題や非正規問題を取材しているのですが、2008年頃はまさに加藤智大のような人が周りに多く出始めました。

この時期は、「ロスジェネ論壇」的なものが生まれた頃でもありました。「『丸山眞男』をひっぱたきたい―31歳、フリーター。希望は、戦争。」という原稿で赤木智弘さんが月刊誌『論座』でデビューしたのは2007年。朝日新聞なんかでも、違法派遣や偽装請負などの問題が注目され、若者が劣悪な労働をさせられていることが2006年頃から報じられるようになっていました。そして2007年には「ネットカフェ難民」という言葉が流行語大賞にノミネートされる。明らかに、それまでとは空気が変わってきました。

90年代とか2000年代前半までは、これらの問題は労働問題ではなく若者の心理や気分の問題のような語られ方がされていました。「非正規」ではなく「フリーター」という呼び名が一般的で、「モラトリアム型」とか「夢追い型」に分類され、本人が夢を追ったり自分探しをしているからフリーターなんだという扱い。「フリーターは働く気がない」「若者は3年で辞める」と言われ、若者バッシング的な空気の中で、それをほとんどの人が労働問題や格差の問題だと思っていなかった。私自身も1994年から99年までフリーターでした。「あいつらは怠けたくてフリーターをやっている」などと言われることもありましたが、怒りよりも、自分に起きていることがよくわからなかったというのが正直なところです。

自分より少し上の世代はバブル世代なのに、自分たちが社会に出る頃に急に「就職氷河期」と言われ、働く先がない。「100社落ちた」なんて人が当たり前に周りにいて、仕方なくアルバイトをすれば「フリーターは怠けている」となじられる。自分自身もバイト先を転々とする生活で、常に死にたい気持ちがあり、実際自殺未遂もしていました。当時はそれが個人的な心の弱さだと思っていたけれど、こういったロスジェネ特有の事情があったと気づいたのは後になってからです。

そんな中、周りでは就職試験に落ち過ぎてウツになったり、フリーターとして職を転々とする中で「自分はダメなんだ」と自己否定のスパイラルに陥り、自ら命を絶った人もいました。なぜ、自分たちはこんなにも働くことも生きることも異様に難しいのだろうと、悶々と思い続けていた時に出合ったのが、「プレカリアート」という言葉だったんです。そしてこれは新自由主義の問題で、グローバリゼーションの進展によって世界規模で労働の不安定化が起きていることを知って、活動を始めたわけです。

この「生きさせろ」という運動がいちばん盛り上がっていたのが2008年でした。この年の5月、「フリーター全般労働組合」という、フリーターらによって立ち上げられた組合が呼びかけた「自由と生存のメーデー」のデモには、なんの動員もなく、本当に有象無象のプレカリアートたちが約1000人集まりました。これまで「怠けている」とか「自己責任」とか言われてきたけれど、自分たちがフリーターで貧乏なのは、政治の責任じゃないかと若者たちが暴れ出した。その翌月にあの事件が起きたわけです。

加藤智大は青森出身で、当時25歳の派遣労働者。しかも、日研総業という日本最大手の、ある意味悪名高い派遣請負会社から静岡県の関東自動車工業に派遣された、プレカリアートの典型中の典型なわけです。だから、そういう状態の人が社会を恨み、追い詰められて起こした事件だと思いました。私だけでなく、世の中の多くの人がそう思った。だからこそ、当時の舛添厚労大臣は事件後に「日雇い派遣の禁止」に言及したのです。

今思えば、私たちは「健全に怒れた最後の世代」だったのかもしれないと思います。なぜなら私たちは、ひと昔前だったら、20代で自動車工場に勤めれば、普通に自立した生活ができて、望めば結婚も子育てもできて、子どもにある程度の学歴をつけさせることも可能だったことを知っている。私たちは、そんな牧歌的な、ちょっといい時代の正規雇用を知っている最後の世代だと思いますが、それが今や、なんのリアリティもなくなってしまった。非正規で工場派遣で働くということは、いろんなことを諦めることとイコールだし、何かあったらあっという間にホームレス化するということをみんな知っている。この十数年で、そんなふうに認識が変わってしまいました。

加藤智大の死刑執行の後、14年前の自分の原稿を読んで、日本が圧倒的に衰退して貧しくなったことを突き付けられました。秋葉原事件が起きた2008年の年末に派遣村が開設された時、日本中の人が感じた衝撃は、「豊かで平等だと思っていた日本でこんなことが起きるなんて」というものでした。あの時、世論は非常に同情的でした。それが翌年の政権交代にも繋がったと思っています。しかし、十数年経ち、日本社会は完全に貧困に慣れ、麻痺したと感じます。非正規の人がホームレスになってもしょうがないよね、ネットカフェ難民は自己責任だよね、という空気をすごく感じます。

14年前の年越し派遣村には、加藤の同僚も来ていました。加藤は5月頃に一回リストラ話があり、それが撤回された後に職場でツナギがなくなるという事件が起き、それが事件の引き金の一つとなって6月に事件を起こしますが、彼と同じ自動車工場で働いていた34歳の男性はその年のクリスマスに突然契約を打ち切られ、行く当ても住まいも所持金もなく派遣村を頼って来たわけです。それを思うと、加藤はあの事件を起こしていなかったら、20代のホームレスとして派遣村に来ていた可能性もあるんじゃないか。そのことがすごく印象に残っています。

それから14年、当時20代だった非正規の人が今どうなったかというと、寮付き派遣の仕事を転々として40代になり、このコロナで大量にホームレス化しています。そんな人たちが、私の所属する新型コロナ災害緊急アクション（２０２０年3月、貧困問題に取り組む40ほどの団体で結成される。メールフォームで「今日ホームレスになった」などのＳＯＳを受けつけ、困窮者に対する駆けつけ支援をしている）にＳＯＳメールを出し、支援者がその人たちのもとに連日のように駆けつけています。この3年で寄せられたＳＯＳは約２０００件。ボリュームゾーンは、加藤智大、山上徹也と同じアラフォー世代なわけです。そう思うと、加藤があのまま派遣の仕事を真面目に続けていていいことはあったのかというと、残念ながらそうではない。そういう社会になってしまったなというのが、ずっと地続きで見てきて痛感していることです。

◆新自由主義と自己責任論の中で

中島　私自身は、この事件はやっぱり派遣の問題だったんだと思います。どういうことかというと、加藤は自分の能力は高いという自意識が強く、派遣社員でも自分は何とかなると思っていました。彼が獄中で書いた『殺人予防』（批評社）という本でも、先ほど触れられた赤木智弘さんを批判しています。赤木さんがフリーターについて書いた「希望は戦争論」に対して、「どうして社会のせいにするのでしょう。就職氷河期であろうと就職している同年代の人間がいるわけで、自らの能力不足努力不足を顧みることなく、何を甘えたことを言っているのかと不愉快な気持ちになります。氷河期の有効求人倍率の低さが強調されがちですが、ゼロではありません。数字上、何人かの一人は就職できるのにしていないのであり、仕事を選り好みしているか、分不相応な大企業しか見ていないでしょう」と、自己責任論者そのものという感じのことを言うわけです。

私はここが重要なポイントだと思っています。彼は、非正規労働で各地を転々とする中で、ソーシャルインクルージョン（社会的包摂）からこぼれ落ち、関係性の貧困にどんどん陥っていった。そのことでネットの中に新しい関係性を求めていったことは明らかですが、それが彼にとっては社会構造の問題として見えていなかったんだと思うんですね。派遣労働は自分で選んだのだという自意識から、それが事件の根本原因ではないと言いたい。実は、それは新自由主義の時代の構造的問題として降りかかっているのですが、それを社会のせいだと言ったら、自分が社会に翻弄される弱い人間だということにされてしまう。その弱さを認めると、自分が負けたということになり、自分が崩れてしまうと感じていたんだろうと思います。それで彼は、何とかそれを退けたいという思いが強くて、事件はＳＮＳの掲示板の「なりすまし」の問題なんだと言い張ったのだと思います。

加藤は何冊か本を書いていますが、最後まで自分は能力が高く、この事件について一番分析できるのは自分であるという強い自我があり、自分の弱さを認められないのです。ここは新自由主義の弊害の問題として二重に重要だと思うんです。２０２２年7月に起きた安倍晋三銃撃事件の山上も、恐らく同じような性質があったのではないかと思います。二人とも、中学時代は優秀で、地元では賢い子だったのですが、その後それがキャリアに繋がっていかず、そのねじれが逆に新自由主義に引き寄せられていく。自分が苦しんでいる原因となっている社会構造を自分で加速させてしまうというのは、二人の典型的な姿なんだろうなと思いましたね。

雨宮　確かに山上の残したTwitterなどを見ても、自己責任論の内面化という傾向が端々から伝わってきますね。すごく強くあろうとしていて、社会のせいには絶対にさせないという意志を感じる。母親の統一教会への献金によって家庭が崩壊した、という問題はありますが、それ以外の職業的な立場などに対しては、一貫して自己責任論者に見えます。

加藤智大に戻りますが、『殺人予防』でも「私は社会への不満などありません」とはっきり書いていています。派遣という制度があって良かった、派遣がなかったら自分の人生もなかったと、自分のいた状況を肯定しようとする記述がしつこいほど多いんですよね。

先日「死刑囚表現展」という催しがあって、加藤智大の遺作も発表されるというので行ったんですね。そこには彼の81点のイラスト作品がありましたが、美少女のヌードや「東京拘置所やまゆり園」というタイトルの人を食ったようなネタものがずらっと並んでいました。そこでも、自分の人生をふり返って、幼少期は母親に苦しめられたとか、正社員になったけど色々なトラブルで辞めたとか、派遣の頃は結構安定していたとか、居場所がなくてネットにはまりすぎたのが良くなかったけれども、とにかく悲惨な人生ではなかった、といった感じのことが書いてありました。

彼は最後まで、社会に不満はありませんというスタンスで、事件後も社会の問題とは正面から向き合わないまま死刑を執行されたように思います。

中島　私もあの遺作は、コメントするために新聞記者のほうから送ってもらって、ほぼ全部見ましたが、ネットの書き込みと同じなんですよね。「不謹慎ネタ」と彼が言っていたものは、大概の人は「なんだこれ」と嫌悪感と共に拒否しますが、それを面白いと思ってくれた人が、自分にとっては本音の関係になる可能性のある人だとみなすのです。

自分の心境を述べるにしても、なぜ事件が起きたのかを書きながら、そこに不謹慎な女性ヌードのイラストを描いて、それを面白いと思ってくれる人にだけ自分を打ち明けたいといった、ややこしい関係が最後まで続いています。対面的な人間関係を、人を信用して結ぶということが、すごく難しかった人なんです。裁判の中でも、「本音と建前」という言葉を繰り返し、対面の人間関係は全て建前であり、ネットだけが本音だというわけです。そこで肯定的な反応をしてくれた人と深い関係を結びたいというので、同じ掲示板に集まってくれている人を訪ねる旅に出て、せっかく手にした青森の正規雇用の仕事を辞めてしまいました。

◆関係性の貧困

中島　逆に言えば、それぐらい人と人との関係に飢えていたと思うんです。重要なのは、この事件が起きた時に、一つは派遣の問題だと言われましたが、もう一つはそれと付随する形でソーシャルインクルージョンの問題が出てきたことです。それを典型的におっしゃったのは社会学者の宮台真司さんでした。つまり、「ネットでそんなトラブルになることなんてよくあることで、まあまあといって酒を飲みに行けば済んだ話でしょ、それができなかったというところに、関係性の貧困に繋がる大きな問題があるんだ」と。これはかなり正しい意見だと思うんですね。しかしその質的な問題については、この事件を調べていくと、少し違っていた。彼は案外友達がいたんですね。

雨宮　そうですよね。

中島　青森の地元にも友達がいて、青森高校時代の同級生とは、地元に帰ると一緒に遊んだりしていて、メーリングリストで繋がっていた……僕なんて地元の友達とはもう20年くらい連絡なしなんで、彼のほうが友達いるじゃんと思ったりするんですけど……。最後の職場である自動車工場でも、一緒にカートに行ったり、秋葉原のメイドカフェに行ったりする同僚がいました。しかし、彼は孤独だったんです。問題は、友達がいないから孤独なんじゃなくて、友達がいるのに孤独だったというところが重要なのです。仲間がいるにもかかわらず、もっと自分を肯定してほしいという気持ちが強くて、それは彼自身も自覚をしています。

『殺人予防』の198ページの「自分の将来を失う」という項目では、「生きていればいいことがあるなどと受け身ではなく、もっと積極的に生きる人もいるでしょう。ところが、私は一人では生きられない人間でした。誰かのために何かをしなくては生きていられず、将来の自分のための現在の自分という考え方は全くありません。それでも書くなら将来誰かのために何かをできる自分のためにであれば現在を生きられます。いずれにしても、私には誰かのために何かをさせてくれる。その誰かが必要でした。」と書いています。この「誰か」がなかなか彼には見えなかったし、実感を持って手にすることができなかったのでしょう。

そこで、雨宮さんのお話に戻りますが、ではそれは何によって強いられているのかというと、やっぱり各地を転々としたり、収入が安定せずに家庭を作ることができなかったり、あるいはそういう想像を持てない社会の状況があったはずです。安定した雇用があり、家族ができ、その近くに友達がいたりすれば、彼は別の考え方や生き方ができたのでしょうが、そうはならなかった。ですから、この大事な問題を彼は見逃しているというか、あえて見逃しているわけです。自分は自分の意思で生きているので、社会のせいになんかしたくない。社会の問題だとすると、自尊心を傷つけられる。弱い自分と向き合わないといけなくなる。それは嫌だという思いが、自己責任論に吸い寄せられ、さらに自分を苦しめることになったのではないかと思います。

雨宮　それは絶対ありますよね。

あと加藤は職場の同僚に対して、友達でいてもらうためにいろんなものをプレゼントしたり、凝ったゲームに誘ったりしていますよね。痛々しいほど尽くしている。友達へのそういう過剰なサービスって、いじめられっ子とか、そのコミュニティのカーストの下の人とかがよくやりがちな行動ですが、そういう感じでもないのにとにかく尽くす。一方で一時期は行きつけの居酒屋にみんなを連れて行ったりしますが、各地を転々とした生活をしていると、そういう場とも切り離される。色々読んでいると、彼は普通に気遣いができ、笑いのセンスもよく、知れば知るほど人に好かれるキャラなんですが、流動的な雇用は彼から安定した人との繋がりをことごとく奪っていったようにも見えます。

中島　まだ彼は若かったし、時代も2008年という段階では今のようには深刻化していませんから、こんな事件を起こさずに生きるチャンスがあったはずだと思います。

つまずいたのは、青森に帰った時なんです。故郷である青森を出てから各地を転々として、茨城県にいた時ですが、職場には誰も知り合いがいなくて、頼みのネットの掲示板でトラブルになり、自殺するしかないと思って車で青森に戻ろうとします。彼は「今から死にます」みたいなメールを、青森の友達に一斉送信します。それで対向車線の車にぶつかって死のうと、チューハイを飲んで走り出したら、携帯が鳴ります。それは彼らからのレス（応答）で、それを見たいと思って気をそらしたところ、運転操作を誤って脱輪をしてしまい自殺できませんでした。それで青森の実家に帰ったら、お母さんに「ごめん」って抱きすくめられるんです。「いろんなことをして悪かった」と言われ、ここで、母親との和解が一回成立しているんです。

この時には、彼は自分の弱さを認める強さがあったんですよ。自分に弱いところがあるから精神科のお医者さんのところに行きたいと言ったり、やり直そうと思ったのか、大型免許を取ってバイトを始めます。仕事はトラックを使った運送業で、そこの先輩は彼が慕っていた人だったんですね。居酒屋をやっているけれど、狂牛病が出たのでこの店は閑古鳥が鳴く状態で、空いている時間に配送の仕事をしていたという男性なんです。その男性に減らず口を叩いてすごく怒られるんです。それで逆に信頼するようになり、本音の関係ができ、いろんなことを相談するんです。しかもこの頃には、彼女もできるんです。そういうちょっと充実した時期だったんです。

雨宮　彼はここで正規雇用になるんですよね。時代が良かったのか、ばっちりじゃないですか。

中島　これでいい方向にいけるはずだったんですね。それで安定すれば良かったのですが、ネットでの関係性のほうを優先し、そっちの人たちに会いたいという気持ちを募らせて、会社を辞めて、また根無し草になっていくんです。だから、時代的にはまだ十分彼は着地できるところにいたんですが、一番のバッドチョイスはそこだったと思います。それはもう彼の性格だったとしか言いようがないのですが。

雨宮　正社員だったら別に会社を辞めなくても、有給を取れば地方の友達に会いに行けるのに。彼は常に「私のものの考え方」と言いますが、その選択は0か100かですごく極端だと思います。お母さんの影響もあるんでしょうか。

◆弱さを隠し、本音はネットで

中島　僕はやはり彼が見つめることができなかったのは、自分のそうした弱さだと思います。自分の論理の中に固まって、他人の意見を聞こうとしない、それは最後の最後まで、彼の変わることのない一つの性質だったとも言えるでしょうね。

例えば、男性4人を相次いで射殺した連続射殺事件（1968年）の永山則夫の場合、彼の書いたものは多くの人の心を打ちましたが、それは彼が自分を省みたからで、その姿が自分の中にもある問題として人の心に届いたのだと思います。

しかし加藤が残したものは、もうほとんど読まれないと思います。多くの人の心を打つものではありませんから、忘れられていくでしょうね。それは加藤が内在的な批判を極度に恐れたがゆえに、自分が築き上げた論理に固着し続けた。本当の意味で、自分の弱さに向き合うことができなかった。それを僕は母親のせいだとかあまり言いたくはなくて、自分自身で向き合わないといけない自己の問題に、しっかりと向き合えていないという問題が、加藤には最後まであったと思うのです。そこに向き合った瞬間に、時代の問題とか世界の問題と彼はリンクしたはずなんですよ。彼がもう少し時間をかけて、そこに至ってくれたらよかったのにと思いますが、死刑によってそのきっかけの全てが失われてしまったと思いますね。

雨宮　彼に面会したことはあったんですか。

中島　ほとんど全員拒否なんですよ、会えたのはごく一部だけというふうに聞きました。青森時代の友人たちが行っても拒否。僕もある人にくっついて行きましたが、やっぱり拒否でした。

雨宮　事件後に彼の出した本を私もすべて読みましたが、肝心の核心には触れずにずっと自分に都合のいい言い訳をしているみたいな歯がゆさがありますね。ただ一方で、事件前に掲示板に残した言葉には彼の本心を感じると同時に、文学性の高さみたいなものも感じました。「BUMP OF CHICKEN」の歌詞を書いてみたこともそうですし、『ちょっとしたことでキレる』幸せな人がよう言う。ギリギリいっぱいだから、ちょっとしたことが引き金になるんだろ」とか「人と関わりすぎると怨恨で殺すし、孤独だと無差別に殺すし。難しいね」とか……。事件後、加藤と同世代の人たちがあの書き込みの言葉に「まさに自分だ」と言っていたことを覚えています。

中島　そうなんです。掲示板に吐露された言葉のほうが、圧倒的にリアリティを持っています。著書では事件から時間が経って、ある種の自己正当化のために物語化が始まっているので、その時の切実さが遠くなっていくんだと思います。『殺人予防』を書いたのも2014年ですから、事件から6年経っています。だから、あの当時、掲示板に衝動的に書いた、自分でコントロールできない言葉のほうが、文学的というか、多くの人に届く言葉であり、人の胸を打つものがあったんでしょうね。それを、失っていったんだと思います。

雨宮　中島さんは、加藤が事件を起こした時に住んでいたところに行っていますよね。どんな場所でしたか。

中島　すごくちぐはぐな風景という感じでした。富士山の裾野にある静岡の裾野市というところです。沼津から北のほうに行く線路の裾野駅から歩いて20～30分かかるようなところで、その電車と並行して走っているバイパス沿いに関東自動車がありました。

バイパスが出来、付近に工場がどんどん出来ているんですが、もとは田舎なんです。その田舎の風景の中に5、6階建てのアパートがポンポンと点在していました。その一つに派遣の人が入る会社のアパートがありました。部屋を借りて住んでいる隣の人は誰かわからない派遣労働の人たちなわけです。通勤にも普段は電車は使わず、工場行きのバスに乗り、働いたらまたそのバイパス沿いのバスで帰ってくるのです。

それから違う行動をしようと思うと、鉄道の駅までは工場からも家からも30分ぐらいかかりますが、そこまで歩かなければなりません。その道すがら、立ち寄れるような店なんてほぼありません。駅前には飲み屋さんや喫茶店があるんですが、僕はまあまあ社交的なほうなんですが、それでも何か入りにくかったんですよ。

雨宮　常連しか来ないところなんでしょうね。

中島　そういう人たちで出来上がっている雰囲気で、新しい人がいきなり入っていくと「あんた誰?」みたいな感じになりますよね。アウェー感満載で、加藤は入る気がしなかったのではないでしょうか。彼が現に行っていた店はコンビニと外食チェーン店で、うち1軒は大手の牛丼店なんですが、店で食べるのではなく持ち帰りです。帰りに誰かとご飯を食べられるわけでもなく、持ち帰りで済ませ、その容器がアパートに十何個も散乱していたと書かれています。

僕がこの事件を象徴しているなと思ったのは、事件の2日前に福井にダガーナイフを買いに行くところです。

雨宮　静岡から福井県って、無茶苦茶遠いですよね。

中島　その店の防犯カメラに彼が映っているというので、ニュースにも流れるのですが、なぜこの店をチョイスしたのかわからず、結構調べたんですよ。というのは、彼の買った品番のダガーナイフは静岡市内でも十分買えたんです。しかもそれは、ネットで検索すれば十分辿り着けるものなのです。

雨宮　ネット通販でも買えたわけですね。

中島　事件の前日に秋葉原に行っていますが、秋葉原には彼がよく行っていたアーミーショップがあり、そこでも十分買えるんです。それなのに、彼は往復4万円もかけて、新幹線から米原でサンダーバードに乗り換えて福井駅に行き、さらに在来線でしばらく行った駅からタクシーで行くんです。ショッピングモールの中にあるアーミーショップなんですが、なぜそこに行ったのか。事件直後にネットで検索し、調べたところ、そこの女性店員さんがすごく親切だという書き込みが多く見つかりました。間違いなくそれを見ていたんだと思います。

その店で、彼は無言でダガーナイフをレジに出すと「会員カードをお持ちですか」と聞かれます。「持ってません」「じゃ作りますか」「いやいいんです。僕この近くじゃないんですよ」「どちらから来てくださったんですか」……この辺から会話が止まらなくなります。「今日は静岡から来たんです」「静岡なんですか」「けど静岡は仕事の関係でいるだけで、元々青森なんですよ」「えー青森なんですか。青森って雪大変ですよね」……というと、雪かきの仕草をします。この場面は、監視カメラの映像に残っています。

こうしてすごく嬉しそうに喋って店を出ますが、同じショッピングモール内の回転ずし屋で昼食をとって、また店に戻ってきます。今度は手袋を買うんですが、この手袋はサイズが合っていないので事件では使っていません。それをわざわざ3000円ぐらい出して買います。店員の女性と喋って店を出ますが、またもう一回戻ってきて「タクシーどこで拾えばいいですか」と聞きます。これもおかしいんですよ、彼は最寄り駅からタクシーでショッピングモールに行っており、タクシーの降り場と乗り場は同じところにあるんですから。

雨宮　わかっていてまた戻ったんだ。よほどその女性とお喋りしたかったんですね。

中島　「あそこです」と案内されてタクシー乗り場に行き、駅から在来線に乗って福井駅に行きます。そこからサンダーバードに乗って米原に向かうんですが、乗車した直後に「人間と話すのっていいね」と書き込みをしています。ここまでしないと、彼は誰かと話す機会すら得られないというか、住んでいた地域では職場以外の人とコミュニケーションをとることができないんです。そういう社会環境になっていたということだと思うんですね。

彼はそれでもまっすぐには帰れません。新幹線の車内では、この日の夜テレビで放映される「風の谷のナウシカ」を見る気満々になりますが、彼は見ていないんです。なぜかというと、沼津の駅から電車に乗らずに風俗店に行ったからです。この店の女性とすごく話をしたようなのですが、私はこの女性に取材することはできませんでした。彼はその夜、「真っ暗な部屋でカチカチの音だけが鳴る」とか、書き込んでいます。僕たちは、そういう社会に生きている。自己の存在の底を支えている共同性が崩壊している。やはりソーシャルインクルージョンという問題をもう少し本気で考えないといけないと思ったんです。僕自身は、それがきっかけで札幌の商店街にカフェを作ったりし始めたんですね。

雨宮　２００８、９年頃、私も製造業派遣で働いている人の寮とかに取材で行くことが多かったです。茨城とか埼玉のほうに行くんですが、本当に不便なところでした。工場は駅から徒歩60分とかも普通で、派遣の人はみんな派遣会社が用意した寮に住んでいる。そういう人の中には、派遣会社が提示する高いお給料に惹かれて来る人も多いわけですが、なかには東北などから「とにかく東京に出たい」という思いで来る人もいる。ですが、東京まで1時間半とかかかる寮暮らしですから、東京なんてせいぜい週末か月一で行ければいいくらい。

そういう大きな工場があるところって、どこも生活感がなくて、車がないと最低限の用も足せないような場所が多いですよね。場所によってはコンビニまで徒歩で1時間かかったりして、本当に車がないと幽閉されているような状態。派遣労働者として一時期いるだけなのでコミュニティなんてないし、その地域の人からはここに長く住む地域住民だと思われていない。そんななかで派遣会社の車に送迎されて工場と寮だけを行き来する日々って、精神的に相当キツいものがあると思います。

私自身も19歳から24歳までフリーターでしたが、高校を出て単身上京して美大に落ちてフリーターになったので、地域社会もコミニュティも居場所も人間関係もなく、いろんなことが辛すぎて、2年間右翼団体に入ったこともあります。

当時の自分を思い出すと、帰属先みたいなものがひとつもなかったと思います。大学受験に失敗して、就職しようと思っても時代は就職氷河期で企業もどこも受け入れてくれない。そのうえ、バイトはしょっちゅうクビになる。一人暮らしなので家族もいないし、人間関係はバイト先くらいでしかできないものの、それが流動的なので友だちもできない。自分が所属できる中間団体がひとつもなかったんです。それでいきなり「国家」に行った。
それは当時の加藤と似ていた状況だと思います。派遣の仕事で工場を転々として、そこには家族もいないし、地域社会の一員にもなれない。派遣会社も派遣される工場も、期間がきたらサヨウナラという雇用形態。そう思うと、掲示板しか居場所がないということもよくわかります。ある意味、人からコミュニティを奪うと何しでかすかわからないという問題ですね。この30年くらい、日本の社会にはそういう人たちが膨大に生み出されたわけですが、このヤバさは多くの人には伝わっていません。そしてそんな寄る辺ない人たちが今、40代になって、一部がホームレス化し始めている。どこにも居場所がなく、作れないような状況だったからこそ、ホームレス化してしまう。

中島　そこはすごく重要ですね。加藤がネット掲示板にはまり込んだのは仙台を離れた後なんです。仙台では警備会社の準社員でしたが、そこを無断で辞めて派遣の生活に入るんです。最初に行ったのは、埼玉の上尾にあった日産の工場です。
そこであてがわれた部屋が3ＬＤＫで、3人ぐらいでシェアするという今でもよくあるパターンです。工場のシフトは3交代制なので、3人は行く時間がバラバラ。帰ってきてゲームなどで大きな音を立てると隣からガーンとやられたりする。だから一緒に住んでいた人にすごく気を遣って、物音も立てられない。そうすると、もう携帯で書き込みをするしかなくなるんです。休みの日は、秋葉原に行くようになって、彼の世界が閉じられていく。だから、彼自身は自分で選んだと思っているんですが、実際はそういう生活を選ばされているんです。

雨宮　当時のSNSはmixi（ミクシィ）でしたね。みんなガラケーで書き込んでいました。あの頃、私の友人が北関東のキャノンの工場で派遣で働いていたのですが、寮の隣の部屋の人のいびきや、鼻をすすったりかんだりする音がものすごくストレスだとmixiに書いていました。それを布団の中でガラケーから書いている様子、目に浮かびますね。寮に住んでいると、障子1枚隔てて一緒に住んでいる同僚が、どんどん憎しみの対象になっていくというんです。そんな彼にとって、mixiで愚痴ることは唯一くらいの気晴らしだったんだと思います。加藤の掲示板のように。

中島　その前までいた仙台時代には、友達が何人もいました。仙台って青森の人も出てくるところですから、高校時代の友人もいて、携帯サイトにハマることもなく、趣味の車も持っていて、それなりに充実した生活でした。それが、埼玉に出てきて、派遣の生活になると、一気に孤立化します。友達もできず、ネットだけが窓口になっていき、「派遣のくせに」と言われたのに切れて、この会社も無断退社します。

次に行ったのが茨城県で、「つくばエクスプレス」が通ったことから秋葉原に出やすかった。そこでは他の社員とは全くの没交渉で、掲示板に迷惑な書き込みをし始めて、出入り禁止になります。それで、前にお話ししたように自殺未遂を起こしますが、青森に帰っていったんは落ち着くんです。掲示板への書き込みも一度やめたのですが、結局また依存してしまいます。

◆ターゲットが絞られてきた

雨宮　私は、2008年頃より以前の派遣の人が精神的に一番きつかったんじゃないかなと思っています。何が起きてるのか、本人たちも社会もまだよく理解していなかったというか。

例えばその少し前までは、工場で正社員以外で働く人は「期間工」でしたよね。鎌田慧《さとし》さんの『自動車絶望工場』（講談社文庫）のような感じで、労働はキツいけど、稼げる仕事だった。90年代まで、私の周りにも期間工で半年がっつり働いて、残り半年はバックパッカー（バックパックを背負って低予算の旅をする人）として海外に行く、みたいな人たちがいました。つまり、それほど収入がよかったわけです。

それが2004年に製造業への派遣が解禁されて、どんどん稼げなくなっていった。そうしてこの頃から、派遣・請負会社は北海道や東北、九州、沖縄に多くの営業所を持つようになり、その地域の若者たちに向けて「月収30万円以上可能」という求人広告をばらまくようになる。これらの地域は最低賃金が低く、失業率も高いことから若者たちは飛びつくわけです。広告には、「愛知県・滋賀県　人気自動車の製造　勤務／二交代　月収例　30万3000円」「静岡県 電子部品の組み立て・検査　月収例　25万円」などと書かれています。

高額な給料に惹かれて、私の友人はある電子部品工場で派遣で働きました。東北の実家から出て茨城の工場で働くようになったんですが、住むのは派遣会社の寮で知らない人と2DKの部屋をシェア。時給は1050円。広告には「平均27万円」とありましたが、1日8時間、週に5日働いても、その時給では19万円くらいにしかならないことが発覚します。27万円というのは、死ぬほど残業をしてやっと届く額だったんです。そしてその19万円から、寮費3万3000円が引かれ、毎月光熱費3300円が天引きされ、自転車のレンタル料なども引かれて手元に残るのは15万円いくかいかないか。彼の場合はありませんでしたが、他の派遣会社では、寮のテレビや布団、こたつなどにいちいち500円くらいのレンタル料がついているところや、夏と冬には1日100円のエアコン代がとられるところもありました。

そんな職場でも長く働けばお金はたまるかもしれませんが、「半年」と言われたのに生産調整の影響を受けてわずか2カ月でクビを切られ、そのまま寮を追い出されるなんてこともザラです。そうなるとお金も貯まっていない状態で、住まいもないので次も「寮付き派遣」を探さざるを得ません。悪質な派遣会社だと、「半年以内に辞めると寮のハウスクリーニング代1万5000円」などを請求されることもあります。

そういうことが2004年頃から始まって、2005年にはNHKが『フリーター漂流』という番組を作りました。まさにこのような状況で働く若者たちがいかにひどい扱いを受けているかという内容でしたが、まだまだ世間的には「フリーターは怠けている」「遊んでいる」というイメージで、当事者たちも社会も何が起きているのかよくわかっていなかった。突然契約を打ち切られて寮を追い出されても、「たまたま自分は運が悪かった」と思っていた。しかし、それが全国的に起きていることだと知られていくのは、リーマンショックでの派遣切りや年越し派遣村以降だと思います。

そういう過程で起きたのが、加藤の事件でした。逮捕後、彼は「人を殺すために来た」「誰でもよかった」と供述しました。また、事件以前、彼はネットに「『誰でもよかった』。なんかわかる気がする」とも書いています。

しかし、最近では、中島さんが指摘されるように、よりターゲットを絞った事件が続いています。対象は、誰でもいいわけではない。

２０２１年８月、小田急線で36歳の男が女性などを次々と襲い、10人が重軽傷を負いましたが、捕まった男は「幸せそうな女性を見ると殺したくなった」と供述しました。

また、同じ２０２１年８月には、在日コリアンが多く暮らす京都のウトロ地区で放火事件が起きています。捕まったのは22歳の男性ですが、「韓国が嫌いだった」という男は、ウトロ地区に放火する前月、在日本大韓民国民団の愛知県支部の壁に火をつけたとして愛知県警に逮捕されていました。また、奈良の民団本部にも同様のことをしています。彼はオンラインメディア

「BuzzFeed News」の取材に対して、「コロナ禍で自分を含めて経済的に貧困状態にいる、保護を受けたくても受けられない人が多数いるような状況のなかでも、彼らは特別待遇を受けている」と、使い古され、実際には存在しない「在日特権」について語り、また、裁判では、放火という手段は誤りだったと認めつつも、一貫して目的は正しかったと訴えました。

また、法廷で、以下のように語ってもいます。

「現在、日本、世界において多くの人が、罪のない人々が見殺しにされ、多くの困窮者が支援を受けられず、南米、アフリカ、アジアのそうした国々から来られた方も、支援を受けられず見殺しにされている。これはひとつの事実でございます。

しかし一方で、戦争の被害者であるという、そうした一方的な理由によって、国民以上に支援を受けようとしている人がいることも、また変わりはない。今回の件で私が被害を与えてしまった方々に、直接的な罪じたいは何もないのかもしれません。しかしながら私のように、そうした方々への差別、ヘイトクライムという、そうした感情を抱いているという人は、国内のみならず至るところで多くいるという現実は認識しなければなりません」（月刊『創』22年11月号「ウトロ放火事件判決とヘイトクライムの深刻さ」安田浩一）。

彼は自身の情報入手先として、ヤフーニュースのコメント欄と語っています。そういうものを見て、韓国へのヘイトを募らせていったわけです。

もうひとつ、2022年3月にもこれと非常に似た事件が起きました。立憲民主党の辻元清美さんの事務所の窓ガラスが割られた事件です。逮捕された29歳の男は「本人に危害を加えようと思った」と供述。男が起こした事件はこれだけでなく、4月には茨木市のコリア国際学園に侵入してダンボール箱に火をつけ、5月には大阪市淀川区の創価学会の敷地に侵入し、窓ガラスを割っています。男は裁判で、犯行動機について、「立憲民主党は日本を滅亡に追い込む組織」「在日韓国・朝鮮人を野放しにすると日本が危険にさらされる」「創価学会も日本を貶《おとし》める組織」など と思ったと語っています。彼が社会問題に興味を持つようになったきっかけは旭川市のいじめ自殺事件で、そこからTwitterやYouTubeで情報収集をし、立憲民主党、在日コリアン、創価学会を「反日的」と思うようになったそうです。この三つの並びから、なんの思想性も法則もないことがわかりますが、男は裁判で、ヘイトクライムにまで発展したことについて「何か行動を起こさないといけないと思っていた」と語ったそうです。

ウトロの事件とこの事件、共通するのはネット上のデマを信じ込み、「勝手な使命感」にかられて事件を起こしたということではないでしょうか。その暴走する使命感には、相模原障害者施設殺傷事件（2016年）の植松聖と共通するものを感じます。彼も、日本は財政破綻寸前なんだから、障害者を生かしておく余裕などないと思い込み、事件を起こした。「日本のため」「世界のため」など大義のストーリーの中にいたこと、そして実際に事件を起こしたこと、また20〜30代の男性というのも共通しています。

そしてヘイトとデマにまみれたネット情報にあっという間に絡め取られ、「こいつらさえいなくなればすべて解決するのだ」と短絡的なストーリーを作り上げた点でも共通しています。

中島　これらの事件に共通しているのは、やはり徐々にターゲットが狭まってきていることだと思います。秋葉原事件の頃は無差別殺傷事件で、特定の敵が見えなかったんですよね。それに対して僕や雨宮さんは、これは新自由主義の構造の問題だから、社会を変えていかないと苦しみや生きづらさは解消しない、政治や経済の領域に介入していかなければならないと主張してきました。その一方、陰謀論というか、ネトウヨ的な言説というか、中国が悪い、韓国が悪いといったターゲットを明示したヘイト言説が増えていった。この苦しみのターゲットが、大きな社会構造の問題にいかずに、特定の対象に向かっていったのが、この7、8年の特徴です。

その火蓋を切ったのがやまゆり園事件なんだと思います。あの植松聖も、なんでこんなに自分たちが苦しいのか、それは障害者対策に税金を使い過ぎているからだという方向に向かった。しかも、「美しい国・日本」と言った安倍元首相と繋がろうと思っていたんだと思いますが、障害者は醜いという美醜の問題を強調し、最後に「beautiful Japan!!!!!!」とTwitterに書いて突入していったわけです。雨宮さんがおっしゃったように、抽象的なんだけれども、ある程度具体化した相手に対して暴力が向いていくという、秋葉原事件を見た時に起こってはいけないと思った方向にどんどんと進んでいると思うんですよね。

雨宮　やまゆり園事件以前は、「誰でもよかった」「死刑になりたい」というのが特徴的な二つのキーワードでした。加藤は「死刑になりたい」とは言っていませんが。

しかし、植松は死刑になりたいというのではなく、「誰でもよかった」わけでもない。殺す対象は障害者でなければならなかった。

衆院議長に宛てた手紙では、「私は障害者総勢470名を抹殺することができます」と書き、その「報酬」としてなのか金銭的支援5億円を要求し、また「逮捕後の監禁は最長2年までとし、その後は自由な人生を送らせてください」と書いています。そして手紙の最後は、「日本国と世界平和のために何卒よろしくお願い致します。想像を絶する激務の中大変恐縮ではございますが、安倍晋三様にご相談頂けることを切に願っております」。あまりにもめちゃくちゃな使命感と、「誰でもよかった」のではなく、障害者でなくてはいけなかった。そういうところへガラッとフェーズが変わりました。

中島　だから今はもう無差別殺傷なんてほとんど起きないですよね。鬱屈のターゲットが歪んだフィルターを通じて見出されている。そこに陰謀などいろんな要素が含まれているのが現在で、それが最高権力者に向かったという事件が安倍殺害事件の山上だった。ついに来ちゃったっていう感じなんです。

◆安倍元首相銃撃事件の山上徹也の場合は

雨宮　安倍元首相銃撃事件の山上徹也容疑者（事件当時41歳）は、母親が多額の献金をしていた旧統一教会に恨みを募らせ、団体と近しい関係にあると思った安倍元首相を狙ったと報道されています。母親の多額の献金で家族が困窮し、兄が自殺に至ったことなどが背景にあると、新聞・テレビは報道していますよね。山上は、自分の生命保険金によって、兄や妹を助けてやりたいと自殺未遂まで起こしています。

そんな報道からは彼ら兄弟の孤独も浮かび上がってきます。宗教二世の子どもたちって、親が近所の人を勧誘していたり、同じ宗教以外の子と交流しないよう言われているから、地元には友達がいないといったことはよくありますね。山上容疑者は、自衛隊を辞めたあとはずっと奈良にいたわけですか？　友達などはいたんでしょうか。

中島　住まいについてはまだつかみきれてないところがありますが、自衛隊で自殺未遂を起こしたのは呉です。その後にはだいたい関西にいて、勤め先は大阪だったり、最後は京都だったりします。奈良が彼の生まれ育ったところですから、地元の友達がいるからそこに住んだのかというと、どうも違うんですよね。そこは裁判が始まってみないと、まだわかりません。

山上の問題は統一教会の問題に還元されている感がありますが、統一教会にからんだ家族崩壊が彼を襲ってから約20年間の、彼の足跡がほとんど無視されていて、この間が空白のまま論じられていますね。統一教会の問題は重要だし、追及すべきなんですが、その後の20年でどう追い込まれたのかが重要だと思うんですよ。実際に、自分を立て直そうとして、加藤より前向きに、ファイナンシャルプランナーの資格を取ったり、色々と努力している形跡が見られますが、それは地元の奈良でまた生活をしっかりやっていこうという意志があったからかもしれません。

歴史というのは、過去から未来に向かって流れているんではなく、現在から過去に向かって流れているんだと思います。今の自分をどう位置づけるのかを考えた時に、過去に遡行《そこう》しながら物語が形成されていく。そうすると、色々な出来事がそぎ落とされて、選択した過去だけが、結びつけられていく。山上の場合、そうやって統一教会の問題がうまくいっていない今の自分の問題と結びつけられ、物語化していったのではないでしょうか。

雨宮 そうですね。ちなみにファイナンシャルプランナーの資格を取ったり、フォークリフトの免許を取ったり、そういう資格をたくさん取るっていうのもロスジェネのあがきとしてよくある姿ですが、なんとかして人生を挽回しようとしたのだということを感じます。

中島 しかしそれらがうまくいかずに40歳になり、最後の仕事も辞めてしまった。なぜ、こんな状況に陥ったのかと考えを巡らせた時に、四半世紀ほど前の統一教会をめぐる家族の問題が自己の中で先鋭化していった。あれが悪かった、あれのせいなんだと。

そこは加藤とすごく似ていて、自分の弱さを認められないというか、自我を保つためには何かのせいなんだと思いたい。自分は本当は実力があるのに苦境に陥ってしまったのは、母親が統一教会に引き込まれてしまったからだというところに行き着く。社会のせいではない。自分の能力や性質の問題でもない。統一教会が悪い。

この発想の構造と、彼が新自由主義的な考えや女性蔑視に傾斜していたことは繋がっていると思います。

雨宮 お兄さんの自殺って、何年前くらいですか。

中島 5、6年前です。

雨宮 統一教会への恨みとしては、それが大きかったんでしょうね。でもたとえば山上がバブル世代だったら、また別のストーリーになっていた気もします。上京して家族と縁を切って、統一教会のことなど忘れて生きることも可能でしたよね。ずっと成績も良かったそうですから、大学に行けなかったとしても、バブル世代だったらそれなりのところに就職して生活する術《すべ》はあったはずです。それでお兄さんを経済的に支えることもできたかもしれない。

中島　そうですね。お兄さんは彼にとってはすごく大切な存在だったようですし、家族の面倒を見てくれていたおじさんもいて、繋がりはあったんですね。ですから、暮らしの根拠を彼はどこかで持とうとしていたのが、お兄さんの死によって断たれてしまった。しかも30代も終わりになって、いくら資格を取ってもうまくいかないと。その辺からTwitterを始め、恨みは統一教会に向いていくんですね。

◆SNSによる空気の変化

雨宮　中島さんはさっき、ターゲットが徐々に狭まってきたとおっしゃいました。山上の場合は統一教会を憎むのはまだよく理解できますが、ウトロ地区に火をつけたり、辻元事務所を襲ったりというのはまったく理解できません。中島さんはこの7、8年で変わってきたとおっしゃいましたが、私もそれを感じます。

私がメディアに出るようになったのは十数年前ですが、数年前までは「顔バレしている」ことで日常生活で怖い目に遭ったことはほぼなかったんですね。それが、SNSで反日左翼だなどとカテゴライズされて名指しされるようになってから、がらっと変わりました。やはりこの7、8年ほどでしょうか。

例えば一人で外食している時などに、明らかに「雨宮処凛だ」とわかっている人に敵意のある目でずっと睨まれ続け、「殺すぞ」と口パクで言われる、百貨店のトイレなどで女性にやはり睨まれ、「雨宮処凛だ」「左翼だ」と陰口を言われるなどのことが起きてきました。SNS上で人を敵・味方に分けて単純化するようなことが、ネット上だけでなく、日常に実害を与えるようになってきた。そういう変化をすごく感じますが、中島さんはそういうことないですか？

中島　最近はあまりありませんが、例えば橋下徹さん（当時大阪府知事）とやり合った時には、大阪で張り出されていたテレビのポスターに僕と浜矩子《はまのりこ》さん（同志社大学教授）の顔写真が載っていたということで、そこに投石をされてガラスが割られ警察沙汰になり、大阪では出歩かないでくださいなんて言われたことはあります。それ以後具体的にはないんですが、徐々に人前で講演するのが怖くなってきています。

雨宮　たぶん私が「活動家の女」「もの言う女」だからこそ、攻撃してもいいと思っている人たちがいるんだと思います。

この前、政権批判を積極的にしているある人と話す機会があったのですが、彼は、山上の事件で安倍元首相がもし亡くならなかったら、統一教会の問題はメディアに出なかったかもしれず、結果、それまで安倍批判をしていた全員が恐ろしいバッシングに晒されていたのではないか、とおっしゃっていました。「アベガー」「アベ政治を許さない」系の人のせいであの事件が起きたんだ、という言説は事件直後にSNS上でも広まり、政権批判のデモに参加していた人たちの写真がまるで指名手配犯のように拡散されたりもしました。確かにあの時、私もすごく怖かったのを覚えています。「このまま日本にいられなくなるのでは」という恐怖はこの数年で何度か感じています。

中島　そうですね。加藤は死刑囚の作品展をめぐって、「人権派弁護士」を揶揄《やゆ》していますよね。自分は死刑囚を何人も見てきたが、そんな奴たちに人権という側面からサポートしている人は実態を知らないからだ、みたいなことを書いていましたが、彼の言説は、ネット右翼的なものに繋がる可能性が強いと思いますね。植松はネット右翼的なことを書いていますし、山上も自己責任論者でネット右翼的です。生きづらさに追い込まれた人たちがネトウヨ言説に接近し、それに則って仮想の敵を作り上げ、暴力を働くという時代になっています。だから、これらは秋葉原事件と無縁の事件ではなく、秋葉原事件の進化系みたいなものが次々に起きてきているように見えるんですよね。

雨宮　在日とかフェミニズムが一つのキーワードになっていますね。辛淑玉《シンスゴ》さんが「ニュース女子」でひどいデマを拡散されましたが、バッシングがひどくて一時ドイツに留学しました。ジャーナリストの伊藤詩織さんも、バッシングがひどく一時日本を離れましたよね。私があのお二人の立場だったら、やはり日本にはいられないんじゃないかと思います。こういうふうに、「ものを言う女性」が吊るし上げられ、見せしめにされるようなことって10年、20年前にはなかったことですよね。最近だと、仁藤夢乃さん（若年女性を支援する一般社団法人Colabo代表）への攻撃も本当に凄まじい。

中島　それが皇室まで及んだのが、小室圭さん・眞子さん夫妻の例だと思います。あの人たちも、もう日本にはいられないと思っての渡米でしょうね。

雨宮　一種の亡命ですよね。

中島　何かものを言うと、国内に居場所を失って外国に避難せざるを得ない状況が生まれていますね。そのような時代の入り口にあったのが秋葉原事件であり、この問題にきちんと手を付けてこなかったことが、こうした社会へとエスカレートしてしまった。だから、この原点にもう一度戻るというのはとても重要な作業だとは思うんですよね。僕が秋葉原事件を書いて文庫にした時、「あとがき」に書いたのは、加藤君を後悔させたいということでした。彼がこんなことをしなければ、シャバで楽しく生活できたのに、という想像力を持てる社会を作ることが、この事件に対する僕たちのなすべきレスポンスのはずです。
　こうした状況には、自分にも何らかの責任があると思っています。野党の政治家の方たちと関わってきましたが、安倍内閣の長期政権を許してしまいました。その間に共謀罪、秘密保護法、マイナンバー義務化などが通され、この後テロが連鎖すると治安維持権力が強まって監視社会になってしまいますよね。雨宮さんや僕の本ばっかり買っていたら、買い物履歴を見られて、こいつは反政府的なやつだと思われてしまう。だったら買うのをやめておこうと自主規制をするような社会になってしまうということは、かなり近未来に十分あり得るんですよね。

雨宮　私は物書きになって22年ですが、今が一番恐ろしい気がします。「物言う女」というだけで、兵糧攻めにもできるし、ネットを炎上させて物書き生命を絶たせることもできる。
　山上の事件後、安倍元首相の国葬反対デモの呼びかけ人になってくれと言われましたが、お断りしました。あまりにもＳＮＳの空間が危険だと思ったからです。呼びかけ人には鎌田慧さん、佐高信《まこと》さん、落合恵子さんなどの名前が並んでいましたが、国葬反対デモの日、Twitter のトレンドになった名前は落合恵子さんで、彼女への凄まじいバッシングが広まっていました。なぜ落合さんだけがトレンドになったのかと言えば、女性だからでしょう。私があの時呼びかけ人を受けていたら、おそらく私の名前がトレンド入りして恐ろしい炎上になっていた可能性があると思います。こういうことを言うと、特に年配男性なんかが「そんな炎上を怖がってどうするんだ」「そんなものに屈するな」と言いますが、年配男性たちと女性に対するネット上での攻撃は桁違いです。見えている世界、経験している恐怖がまったく違う。

そんなことを考えても、中島さんがおっしゃる「加藤君が事件なんか起こさなければよかったと思える社会」にはほど遠いですね。

リアルな世界も悲惨です。コロナ禍での3年間、派遣の仕事がなくなってホームレスになった40代とか、工場のラインが止まって延々と寮で待機させられているうちに現金も食料も尽きて餓死寸前になった30代の人などに大勢会いました。誰も助けてくれない社会になると、人は強烈な人間不信に陥ります。社会を恨むようにもなるでしょう。最近、新型コロナ災害緊急アクションにSOSをくれた30代の男性は、コロナ禍で失業してホームレスになり、そこから本当にひどい経験をしたそうです。誰も助けてくれず、世間の人々は「臭い」と嘲笑するだけ。当然世を恨むモードになっていて、「加藤智大みたいな事件を起こしたい」としきりに言っていたそうです。

中島　おっしゃる通りです。加藤にはまだあの事件にいかなくてもよかったチャンスはあったけど、今はそのチャンスすら考えづらいですね。「これまで職を転々としてきたようだけど、バイトでしっかり仕事ができていたら、2、3カ月見て正社員にしてやるよ」なんて話はなかなか聞かなくなりました。格差で社会が閉じてきているので、派遣労働の人たちの接点はSNS上しかなく、実際の生活では異なる階層の他人と交わることがない。塀で囲まれたゲーテッドコミュニティのような社会になっている、そんな感じがしますね。

雨宮　ロスジェネ世代がもう少しで50代に入り、十数年したら60代になりますが、そうなったら本当に見捨てられるんじゃないかと思います。今も十分見捨てられてるけど、生活保護法が改正されてより利用しづらくなったり、安楽死なんかに誘導されるような法律ができたりとか、本気で不安です。

　加藤の事件が起きた頃くらいは、ロスジェネはベビーブーム世代として期待されていたので、「このままだと結婚も出産も子育てもできない」と訴えれば、政治は必ず変わると純朴に信じていました。でも、それがことごとく裏切られ、あと少しで50代。何とかしようという希望すらなかなか持てないという状況ですね。

中島　２００８、９年頃はまだ、閉塞した社会から脱却して、別の世界を作ることができるという感覚がありました。２００９年の総選挙では二つのノーが示され、一つは古い政治ノーで、もう一つは新自由主義ノーでした。それで民主党政権ができましたがあっけなく崩れ、新自由主義のオルタナティブなビジョンを掲げることも難しくなってしまいました。特に政治の世界では、山本太郎が出てきて苦しんでいる人たちに希望を与えるようなこともありましたが、野党第一党のふがいない状況が続いており、政権交代の道筋が見えてきません。

雨宮　それを思うとブレまくっている立憲民主党の罪は重いと思ってしまいます。

今思い出したんですが、最近、電車内で朝鮮学校の生徒に「お前、朝鮮学校の生徒だろう。日本にミサイルを飛ばすような国が高校無償化とか言ってんじゃねぇよ」と言って足を踏んだりした人がいて、学生は被害届を出したんですが、それをやったのがロスジェネ世代の男性だったんですね。日本が貧しくなればなるほど苛立ちが募り、貧すれば鈍するで、アジア蔑視と変なナショナリズムが強まっていると感じます。その矛先がどこに向かうのか、すごく怖い。

第２章

「タテマエではなくホンネでもない本心」とは

〈杉田俊介／中島岳志／雨宮処凛〉

『男がつらい！―資本主義社会の「弱者男性」論』（杉田俊介、ワニブックス）

2回目鼎談（2022.11.8）

杉田俊介
中島岳志
雨宮処凛

◆秋葉原事件とロスジェネ世代

雨宮　最初に、秋葉原事件を14年経った今改めてふり返ると、事件が起きた２００８年と今の日本は随分違っていて、当時豊かだった日本社会が今はすごく衰退していると思います。秋葉原事件について、また加藤智大の死刑についてどう受け止めたのか、その辺を杉田さんからお話ししていただくことから始めたいと思います。

杉田　そうですね。たとえば、２０２２年7月26日――よりにもよって２０１６年に相模原の障害者施設の殺傷事件があってからちょうど6年目の当日の朝に、秋葉原事件の加藤智大に対する死刑執行があったということに、複雑なやりきれなさを感じました。死刑執行についてＳＮＳ上では、「冤罪の可能性がないなら無駄に生き延びさせないでさっさと死刑にすべきだった」「税金の無駄遣いをするな」などの吐き捨てるようなコメントが山ほど見られました。それに対して僕は、国家権力による死刑に簡単に賛同してはならない、あたかも相模原の障害者殺傷事件の犯人と同じような論理が蔓延している云々と、ＳＮＳ上で書いたんです。そうしたら、軽く炎上したんですね。つまり、「死刑になった犯罪者と、罪もないのに殺された障害者を一緒にするな」という批判が殺到した。そのプチ炎上を見て、さらにやりきれない気持ちになりました。

というのは、おそらくそうやって強い口調で批判してきた人たちは、べつに被害者や遺族でもないだろうし、そればかりか、障害者やその家族の置かれた状況について普段そんなに真面目に考えているわけでもないと思うんですよ。そうした人たちが、その場でスッキリするために「障害者と死刑囚を一緒にするな」という見かけの「正論」を口にできてしまう、そうした空気が広がっている。それこそまさに植松聖的なものなのではないか。というのは、植松もまた、社会にとって邪魔な他者を排除すれば、生産性が高まってもっとまともな社会になる、といった功利的な「正論」を口にしつつ殺傷事件を起こしたわけですから。

「税金の無駄遣いをせずにさっさと死刑を執行しろ」という殺伐とした言葉を口にしつつ、すぐさま同時に「犯罪を犯した人間と障害者を一緒にするな」とも言えてしまう人たちは、風向きが変われば、きっとすぐに「殺人者だけではなく障害者も生きる価値はない、俺たちの大事な税金を無駄遣いするな」と主張し始めるでしょう。ある種の「正論」によって――それは本当は「正しく」ないんですが――スッキリしたいという感情と、国家の暴力的な意志がそのまま一致してしまうわけです。その無意識的な欲望の共鳴がすごく不気味でした。それは植松聖が、俺は安倍元首相やトランプ大統領が言いたくても言えないこと、やりたくてもやれないことを代弁し、代行してやっているんだ、というロジックで障害者を抹殺しようとしたことと、どこかで響き合っています。

２００８年の加藤智大の事件の時にももちろん、許せないという声がたくさんありましたけれども、それと同時に、加藤の社会的な境遇を想像し、事件の社会的な意味を想像しようとするモードがまだ少なからずあった。２０００年代には、派遣労働者や非正規雇用者に対する地道な支援活動があり、その中からロスジェネ論壇と呼ばれるような言説も出てきて、反貧困のムーブメントが広がっていったわけですが、そうした流れの中で秋葉原事件が一つの時代の象徴のように起こった。だから事件の意味を総合的に考えよう、引き受けよう、という雰囲気がまだあったはずです。その頃と比べると、何らかの事件の社会的意味を考えること自体がもう面倒くさい、コスパ（費用対効果）が悪い、さっさと処理してしまえばいい、といった空気が強まって、より殺伐としてしまった。加藤智大の死刑執行の日には、そんなことを感じましたね。

雨宮　事件当時、杉田さんもロスジェネ論客の一人として渦中にいましたから、事件にはすごい衝撃を受けたわけですよね。

杉田　そうですね。多くの同世代の人々が、自分も加藤智大であり得たかもしれない、という感覚をよくも悪くも共有していたような気がします。加藤は、派遣労働者という「取り替え可能」な労働力商品として、自分は「誰でもいい人間」なのか、という苦痛と葛藤を抱えていた。そして現実の労働や人間関係は過酷だけれども、ネットであればかろうじて他人とうまくコミュニケーションができるかもしれない、と考えてネットの掲示板に逃げ込んだ。しかし加藤はそこでも「なりすまし」の存在に苦しめられる。ネットの世界ですら、自分のアイデンティティを面白半分に剥奪されてしまうのか。そうした絶望と怒り。それが当時のオタクの聖地、秋葉原に向けられたわけです。

しかしそれは、本当の原因は派遣労働ではなくネットの人間関係だった、という単純な話だとも思えません。労働やネットや家族の隅々にまで侵食しつつある新自由主義的な価値観がそこにはあったわけですね。つまり加藤の中にあったのは、「お前なんか誰でもいい」「いくらでも取り替えられる」というネオリベラルな価値観の暴力性に対する怒りだったのではないか。そしてそうした価値観を内面化してしまった自分に対する絶望。

だから、殺すのは「誰でもよかった」という加藤の殺意は、複雑に捩《ねじ》れて自己矛盾しているものだった。学歴社会や資本主義の中で「誰でもよかった」と言われ続けてきたのは、まさに彼自身だったはずだから。しかしだからこそ、あの頃は、不特定多数の人々を「誰でもよかった」「たまたまだった」という状況に追い込んでいくこの社会って何なんだろう、という問い返しがあったように記憶しています。

中島　僕は、加藤の秋葉原事件が起きた時、それは僕たちの世代の事件だと発言しました。この事件について、ジャーナリストといわれる人たちが追いかけてしかるべきですが、継続して追いかけることはしませんでした。秋葉原事件について丁寧に検証した本も、なぜか私が書いたものがほぼ唯一になってしまいました。ジャーナリストたちと話していると、裁判の前半部分では、これが派遣労働の問題であり、格差社会を象徴しているということで意気込んで傍聴に行っていましたが、加藤がそういう見方を否定して「なりすまし」の問題だと言うと、新聞記者なんかは「なんだよ」みたいな感じで、期待を裏切られて追求する意欲を失っていった姿を結構見てきました。しかし、僕も杉田さんと全く同じで、事件の本質は「代替可能性」という問題だと思いました。つまり、労働現場においてもそうだし、ネット上に自分の場所があると思ったにもかかわらず「なりすまし」に乗っ取られてしまったのもそうです。

幼少期でいえば、彼にとってすごく辛かっただろうと思うのは、お母さんとの関係です。子どもに作文でいい賞を取らせたいので、そのお膳立てで1泊2日の旅行に連れて行き、帰ってくると原稿用紙を渡されて行ってきたことを書けというんです。それで加藤は書くんですが、お母さんが横で見ていて、「こんなんじゃ賞を取れないよ」とぐちゃぐちゃ言ってポイって捨てるんです。何回書き直してもダメで、結局お母さんが言った通りに書き、賞を取ります。そのことを彼は後に、掲示板に繰り返し書いていますが、これも一種の「なりすまし」だったんだと思うんですよね。幼少期も労働現場でも、そして最後は自分であろうとした場所であるネットでも、こうした代替可能性を突き付けられた時に彼は切れてしまった。

杉田　加藤智大が事件後に刊行した4冊の本を読みましたが、自分の犯罪や内面を解釈しようとする他者たちへの、突き放すような論駁《ろんばく》が試みられていた。彼にとっては、赤の他人から評論されること自体が「なりすまし」に感じられたのではないか。中島さんの本に対してもそうですね。実行犯の自分だけが、自分の犯罪についてロジカルに分析できるんだ、という強固に閉ざされた自我があって、なんだか居たたまれなかった。

　同種の犯罪を繰り返させないためにどうすればいいのか、加藤なりに考えてそれを言語化しているんですが、犯罪予防のためには「やった理由」をいくら探しても無駄で、「やらない理由」を社会的に増やすしかない、という結論に至っています。それはリベラルな社会観からすれば正しくもある。ただし難しいのは、現実の人間関係やコミュニケーションはタテマエであり、ネットの掲示板の中にこそホンネがある、という加藤の世界観、防御的な姿勢をどう考えるかということですね。

　熊谷晋一郎さんが「ホンネと本心は違うんだ」とおっしゃっていますね。つまり、タテマエとホンネの二元論のさらに奥に、その人の「本心」がある。いわゆるホンネって、「男のホンネ」

みたいなもので、むしろ対外的なポーズである場合が多い。他人に対して防衛線を張りながら、自分を強く見せるために、俺のホンネはこれこれだ、と主張する。世間のタテマエを無視してホンネを公言できる俺は男らしくてカッコいい、みたいな。

しかしホンネならぬ本心は、自分ですら十分に自覚できていない自分の心であり、自分でもはっきりと掴めていない無意識の自分があるわけです。事件の数年後に『すばる』という文芸誌に掲載した「加藤智大の暴力」（『神と革命の文芸批評』所収）でも論じたのですが、「自分でも気づけない自分」の本心に気づくためには、他者からの呼びかけが心に沁み透ること、ミハイル・バフチンの言葉でいえばポリフォニック（多声的）に響き渡ることが必要であり、そのような他者の言葉に対する応答のプロセスが必要だと思うんですね。他者の声に対して応答する時に、初めて――それは何年、何十年に及ぶ、蝶番《ちょうつがい》が外れたように捩《ねじ》れた時間の中の出来事かもしれませんが――自分とはこんな人間だったのかと気づける。そういう瞬間が加藤の中に訪れたのか訪れていなかったのか、気になりますね。

直接僕は観ていないんですが、死刑囚の絵画を展示する「死刑囚表現展」という企画がありますよね。連続企業爆破事件で死刑が確定した大道寺将司元死刑囚（２０１７年に病死）のお母さんが、死刑廃止運動に取り組んでいて、しかし２００４年5月に亡くなられたために、残ったお金を死刑囚表現展の開催などに使うことになった。太田昌国さんが審査員をしています。その表現展についての報道記事によると、コミュニケーションをかたくなに拒否していた加藤智大に、

2018年頃から変化の兆しがあったらしい。他者の言葉が自分の本心の部分に届くためには時間もかかりますし、それを可能にする環境や場も必要でしょうから、死刑によってその変化の可能性が切断されてしまったことは、いかにも無念なことでした。

気になったのは、その絵画展に加藤が出したイラストの多くが、女性の裸の身体を描いたものだったことです。彼自身はのちに否定していますが、彼の中には非モテ感情が強烈にありましたね。犯行前に彼がネットに残した言葉の根幹にあったのは、自分の顔が醜い、だから全部ダメなんだ、という醜形恐怖のような感情でした。それが自分の男としての存在自体を自己否定するような過剰な攻撃性になっていく。自傷的なタナトス（死の欲動）のようなものですね。新自由主義的な「誰でもいい」という暴力の問題と、自分の内なる男性性を自己否定する暴力の問題が、どのように絡み合っていたのか、その辺りのことが気になります。

そういえば植松聖にも醜形恐怖的なところがあり、整形手術を何回もしたり、刺青を入れたりしていて、人体改造の欲求がありますよね。山上徹也について、彼の置かれた状況を「弱者男性」とか「非モテ」という言葉でくくれるかは微妙ですが、ただ彼も、僕が文春オンラインに書いた「弱者男性論」に反応してはいたわけです。僕の記事を読んで、感情的に反発するのではなく、それを論理的知性的に受け入れたうえで、「だがオレは拒否する」と批判していた。そういう男性性の屈託の問題が加藤の事件から現在に連続している。その辺りから資本主義の問題と男性性の問題をもう一回考えてみたくはあります。

◆「弱者男性論」をめぐって

雨宮　ここで杉田さんが文春オンラインに書いた記事と、それを読んだ山上が「だがオレは拒否する」と書いたことについて、少し説明してもらっていいでしょうか。

杉田　近年また改めて「弱者男性論」という言葉が注目されています。2010年代には#MeToo運動に象徴されるように、女性や性的マイノリティたちが、ハラスメントや経済的不平等を告発するための運動が社会的な力を持ってきました。それに対し、一部の男性たちが、女性やマイノリティよりもむしろ男性たちのほうがつらい状況にあるんだ、男性差別があるんだ、というアンチフェミニズム、アンチリベラルの論陣を張るようになった。女性を敵に見立てつつ集団性を形成していった。それは国際的に言えば「インセル」の潮流とも共鳴するものです。

しかしそれではむしろ男性の中の弱さの問題は解消されないのではないか。男性たちもまた性差別構造や男性特権を見つめつつ、それと同時に自分たちの中にある無力感や脆弱性を受け入れ、それを言語化し、何らかの形で連帯を試みて、アンチという攻撃性による弱者男性論ではなく、非暴力的でセルフケア的で自己肯定的な弱者男性論を展開していくべきではないか……そのようなことを記事の中では書きました。

それに対して山上容疑者がTwitterで、「だがオレは拒否する」と書いていた。それを中島さんが新聞記事で取り上げてくれて、「だが」という山上の言葉にどんな重みがかかっていたのか、杉田の弱者男性論の可能性と限界を含めて論じてくれた、という感じです。中島さんから補足をお聞きしてもいいですか。

中島 山上のツイートを読んでいて、そこが一番のポイントだと思ったんです。彼自身はクレバー（賢い）な人なので、「インセル」という概念自体を自分で咀嚼《そしゃく》しようとしているわけです。そして、そのインセルといわれる存在について否定的な感想を書きながらも、「自分自身がそうではないのか」という揺れをずっと書いていました。そんな中で杉田さんの文章を読み、それが彼にとっては多分に図星だったわけですね。

特に彼は、異性の承認から疎外されていることからアンチフェミニズムになり、攻撃的な言葉になっていき、かつそういう男性は父権的なイデオロギーと結びつきやすく、有名人になって一発当ててのし上がらなければといった思いに駆られて、ネット右翼的な過剰な言葉に飛びつきがちですね。しかし杉田さんが言うのは、そういう人たちの問題は「男の弱さを認めることができない弱さ」にあるんじゃないのか。その弱さというものを抱えたままで、相手に対しても誰に対しても攻撃せずに生きていくことができるのか。その地平を拓くことこそが革命的な実践である、ということを書いていらっしゃる。それに対して彼は「だが」と言うんですね。「だが」という言葉は、「その通りである、しかし」という意味ですよね。彼はそれをいったんは受け入れている、けれども「俺は統一教会に……」とかいうふうになっていくんですよね。ここの受け入れたところと、受け入れた上で拒否したという、彼の中の葛藤の中に、この事件の重要な核心部分があるんじゃないのか、というふうに思ったんですね。杉田さんご自身は、彼の書き込みを見て、どういうふうに率直に思われたんですか。

杉田　彼の「だが」というのはたんなるアンチではなく、肯定的否定だったということですね。いったん受け入れたうえでの、それでは足りない、という「だが」。僕が最初に山上のツイートのログを通読した時に印象的だったのは、どうしようもなくネトウヨ的な感覚を持ちながら、ほかのネトウヨたちの中の反知性的なところを拒絶するある種の知性主義と、それを支える強靭な意志です。その知性と意志は、死傷のリスクを乗り越えて改造銃を自力で作った、というところにも表れている。そのような知性と意志に対峙して、暗殺という行為をそのまま肯定するのではなく、かといって「民主主義社会では暴力は許されない」という優等生的な一般論に逃げるのでもなく、山上の「だが」に対してこちらがもう一回、「だが、それでは足りない」と応答するとはどういうことか。そういうことをあれから考え続けてはいます。

社会学者の伊藤昌亮さんが彼のツイートを分析して、「ネトウヨになりきれなかったネトウヨ」という言い方をしていましたが、山上は「ロスジェネになりきれなかったロスジェネ」とも言える。反ロスジェネ的ロスジェネ、と言いますか。たとえば雨宮さんや湯浅誠さん、あるいは赤木智弘さんもそうだと思うんですが、ロスジェネ的な言説の基本モードは、自己責任の呪いを解除して、自己責任ではなく社会責任、つまり連帯や社会的包摂という形で、生きづらさの問題を解消しようとすることにあります。それに対して山上は、どこまでも自己責任です。最後は自分だけだ、信じられるのは自分だけだ、と。連帯の可能性、社会が助けてくれるという可能性を少しも信じていない。ロスジェネ的なものを共有しながらロスジェネにもなれなかった、という屈折を感じます。

しかしそこにはたとえば、女性やマイノリティのような形で差別を受けてはおらず、多数派男性としての男性特権は確かに持っているけれど、規範的な意味での「男性性」の基準を満たせない。そうした男性たちの、ジェンダー的な周縁性の問題があるように見えます。男性学の主流の考え方でいえば、同じ多数派男性の中にもいくつかのレイヤーがあって、覇権的な強い立場に立ちうる男性もいれば、いろんな事情を抱えて屈折や鬱屈を抱えた周縁的な男性たちもいるわけです。逆にいえば、2000年代後半のロスジェネ論壇では、労働や貧困や社会的排除の問題と、男性ジェンダーの屈折の問題を両輪的に論じることが十分にできなかったのでしょう。先ほどの加藤智大の非モテ観や醜貌恐怖、山上の弱者男性論への反応まで含めて、本当はそれらの問題は絡み合っていたはずです。

もちろん構造的に考えれば、女性や性的少数者のほうが男性よりもはるかに不利で不公正な状態にあるという事実は揺るぎません。しかし、男性たちの中でも鬱屈や脆弱性を抱えている人たちが、構造的な男女の非対称性を踏まえたうえで、どうやって自分たちの弱さや剥奪感を言語化し得るのか、それを社会化していけるか、ということを重層的に考えるべきだった。そういう思いがじわじわと重くなってきている。

　つまり、２０００年代後半のロスジェネ運動がそういう非正規的で周縁的な男性たちの階級形成、集団性の形成に「失敗」したがゆえに、その後、アンチフェミニズム、反ジェンダー運動という形での弱者男性運動が発生して、多くの男性がダークサイドに取り込まれてしまったのではないか。そういう反省に立って、ロスジェネ問題と男性ジェンダーの問題をもう一回交差させて考えてみたい。今後、日本国内でもさらにインセル的、フェミサイド的な犯罪が拡大していく恐れは正直あります。先ほどの山上の「だが」に対して、もう一回「だが」によって応答する、というのはそういう課題も含んでいると思います。

◆剥《む》き出しの資本主義の暴力性と「インセルレフト」

雨宮　この間、小田急線刺傷事件、京王線「ジョーカー」事件、代々木の焼肉屋立てこもり事件、ウトロ地区の放火事件、辻元事務所襲撃事件など注目される事件が起きていますが、容疑者はいずれも20代から30代の男性ですね。加藤智大が事件を起こしたのも25歳、植松も事件当時26歳。それぞれ背景は全く違いますが、なぜ若い男性の暴発が続いているのか。

私はジョーカーの事件が起きた日、ちょっと怖い目に遭いました。全く人が乗っていないガラガラの電車に乗っていて、横の席に荷物を置いていたんですが、途中から乗ってきた20代くらいの男性が、すごい勢いで走ってきて私の隣の席に座ったんです。間一髪のところで私は横に置いていた荷物をどけたんですが、彼はあえて、私の荷物の上に座ろうとしていたのではないかと思います。それで私が文句を言うのを待っていたのではないか。もし文句を言われたら、荷物を横の席に置いていたお前が悪いと「逆ギレ」できる。そういう、キレるきっかけを欲している人が増えたように思います。キレる対象は、女性や自分より弱い相手限定。小田急線、京王線「ジョーカー」の事件以降、電車の中でブツブツ文句を言って「キレる寸前の自分」をアピールしている男性も何度か見かけました。何か男性たちの一部が限界ギリギリの状態にあって、女性に対する憎悪が渦巻いている。

それは何なんだろうと改めて思います。杉田さんは『男がつらい！　資本主義社会の「弱者男性」論』（ワニブックス）の最後に書いていますよね。男の生き方のモデルとして、マッチョな男らしさとか、家父長的な男性像だとか、リベラルでスマートすぎる男性像とか、そんななかなか手の届かないモデルじゃなくてもっと色々あっていいんじゃないか、もっとしょぼい生き方でいいんじゃないかと。そう思うと、日本で自然体で生きていて幸せそうな男性ってあまりにも少ない。人間として幸せそうに見えて、一番言葉が通じる男性って思うと、オタクの人たちくらいしか浮かばないですね。オタクの人たちは趣味の世界で盛り上がっていて楽しそうで、そういう部分はすごく共感できます。「推し活」（自分にとってイチオシの人やキャラクターを応援する活動）が当たり前になってきた今、彼らは時代を先取りしていたともいえる。そう思うと、加藤智大だってそういうオタク男性として楽しく生きていく道もあったのになあと思います。

杉田　女性たちはそうではないのに、男性たちはなぜ他者へと攻撃を向けるのか、という言い方は少し違うのかなと最近感じるようになりました。それって結局、「オスは本能的に攻撃的である」という話になってしまう。そうではなく、男だけではなく、人間は基本的にそもそも攻撃的なのではないか。生物学的な本能というよりも、社会的にそうした攻撃性を強いられているのではないか。しかし女性たちの場合は、ジェンダー規範もあって、女性は暴力的であってはいけないと抑圧されているから、あるいは #MeToo 運動やフェミニズムのような形でそれを社会批判の怒りに転化しているから、他者への犯罪的な暴力や攻撃は（皆無ではありませんが）男性よりも少ないのではないか。とすれば、逆にいえば、男性たちにも何らかのそうした社会的回路があれば、攻撃性を社会変革的な方向へ昇華していけるのかもしれない。男性は本能的に性欲があってそれが解消されない限りは暴力に至るのは仕方ないんだ、というのはかつて彦坂諦《ひこさかたい》が言った悪しき「男性神話」の典型だと思います。

２０００年代後半のリーマンショック以降の現代的な資本主義は、もはやネオリベラリズムとも呼べないような、「たんなる剥き出しの資本主義」になってしまったように感じます。政策的理念としての新自由主義においては、自由主義的な市場の自生的な秩序が信じられて、トリクルダウン理論によって社会の生産性が高まれば下へも利益が滴り落ちてきて、それが社会的な包摂になっていく、という話だったはずですが、今や誰もそんなこと理念としても信じていないでしょう。

そういう剥き出しの単なる資本主義の暴力性が内側に食い込んで、非正規労働者の自分を責めたり、能力の不足をひたすら責めてしまう。とめどない自己否定や自己責任論になる。それが攻撃性として蓄えられていく。自傷や虐待になる。

思えばフリーター運動、ロスジェネ運動は、ネオリベ的原理の内面化に対する解放運動のような側面があったと思うんですよね。かつてのウーマン・リブでは「内なる女らしさ幻想」からの解放が言われ、脳性マヒ者の当事者団体である「青い芝の会」の人々は「内なる優生思想」からの解放を言った。それと同じように、フリーター運動には、内なる自己破壊欲動からの解放(liberation)を求めるというリブ運動の側面があった。

たとえばかつて僕は『フリーターにとって「自由」とは何か』(人文書院)という本で、「私たちはもっと怒っていい」と書きました。それは自己否定に苦しんで間違った敵に向けられてしまう憎悪やヘイトの感情を、社会変革のための集団的な怒りに変えていこう、ということでした。

しかしそういう情念や欲望の社会化のための回路がないから、攻撃性が暴発してしまう。そのためには、男性たちにも、たんに「環境を変えて社会的に包摂しよう」というリベラルな意識だけではなく、もっと積極的で肯定的な欲望論、解放としての欲望論が必要だったんじゃないか。

近著の『男がつらい！』では、「インセルレフト」ということを書きました。つまり反動的で右派的なインセルたちは、自分の中の鬱屈や攻撃性をアンチ（否定性）という形で、自分よりも社会的に弱い女性、性的少数者、外国人などに差し向けてしまう。それに対して、憎悪を怒りに変えて、社会を変革して、自分たちも他の社会的弱者も誰もが共存しやすいような非暴力的な方向に自分たちの鬱屈を差し向けていく。それがインセルレフトのイメージです。そういう回路や言葉や集団性がまだまだ足りないんじゃないでしょうか。剥き出しの資本主義の中での労働や経済の不安定さにも苦しみ、男性特権を批判するポリティカルコレクトネス（政治的な正しさ）からも批判されて、「ほんとうにつらい俺たち」みたいな歪んだ被害者意識に閉じこめられてしまう。

そういえば、ある場で話したんですが、現状の日本でどういう人たちがそのように欲望を変えていけるかというと、ひとまずオタクたちじゃないかと。オタクたちが蓄積してきた消費文化的な価値観の意味は結構大きい。これまではオタク男性はネトウヨ化しやすい、ミソジニー（女性に対する嫌悪や蔑視）に陥りやすい、云々と言われることが多かった。そういう面も確かにまだまだあります。しかし僕が観測している範囲では、リベラルな精神や反差別の規範意識をしっかりと内面化したオタクたちの層も、ある程度増えてきている気がするんですよね。彼らが自分たちの「男らしくない男」としての弱さや周縁性を引き受けながら、インセルレフト的な集団を形成していく可能性はそれなりにあるのではないか。そういうことも考えたりしますね。

◆ロスジェネ論壇の社会性と批評性

雨宮　そもそも、一昔前だったら学校を出た男性は就職して、就職すれば当然正規雇用で、そうしたらある程度自動的に結婚や子育てがついてきたわけですよね。それができなくなった第一世代がロスジェネで、最初にその壁にぶち当たったわけです。それでいろんな問題が可視化されてきたんだなと、改めて思いました。

杉田　繰り返しますが、非正規雇用でいえば、女性のほうが圧倒的に過酷な状態であるわけです。それがなぜ2000年代後半のロスジェネ論壇では、男性フリーターたちの存在が注目されたかというと、女性たちは元々過酷な状況にあったからでしょう。男性たちは当時の社会構造の転換によって、終身雇用的なライフコースのハシゴを外され、ポストフォーディズム的な産業形態の中に組み込まれていった。労働力をより柔軟に使うために非正規雇用化を進めていこう、サービス業的な方向へシフトしていこう、という流れです。男性たちのほうが落差の感覚が大きく、被害者性も強まったのではないでしょうか。

中島　ロスジェネ論壇を思い返すと、大きくいって二つの方向性があって、一つは社会運動的な側面、もう一つは批評的な側面であり、その二つが一体化した社会運動だったと思います。この両者の合流が重要だったはずなのですが、加藤や山上などは内的批評よりも、誰かを論破しようとする姿勢が強かった。左派的な社会運動の中でも、論破の姿勢が強くなった側面がありました。「論破」は「議論」と違います。議論は、もし相手の言っていることのほうが理があると思ったら自分の意見を変える勇気を持たないとできないものです。間違いや自分の見えていなかったものを認める、それが議論の前提です。一方で、論破は自分が相手の意見によって変化することを極度に恐れ、攻撃的な姿勢をとる。杉田さんがいう「弱さを認められない弱さ」によって成り立っているのが論破ですね。

山上が杉田さんの文章を読み、心を揺さぶられたのは、ロスジェネ論壇が持っていた批評性の成果だと思います。山上の論破を超えて、彼の内側に食い込む言葉があった。しかし、彼は「だが」という言葉で、その先を拒絶してしまった。ここが難しいところですね。

杉田　ロスジェネ論壇では社会運動的、社会責任論的な側面が強かったというのは、やはり自己責任の問題があったからでしょうね。フリーターや非正規雇用者が苦しいとしても、やる気や責任感がないからだ、という自己責任感を解除することがポイントだった。それは障害学で言えば、自己責任モデルから社会モデルへ、という転回に類比されます。しかしそれは逆に、中島さんも今おっしゃったように、社会や環境さえうまく変えれば自分たちは別に変わらなくていい、という話にもなってしまいかねない。だから来たるべき弱者男性運動はやはり欲望運動でもあるべきなのでしょう。

当時の僕は「フリーターリブ」という言い方をしていましたが、それは先ほども述べたような、1970年頃のウーマン・リブや「青い芝の会」の障害者解放などの運動を、2000年代後半の状況の中でいかに反復するか、という話でした。ウーマン・リブは、家父長制的で性差別的な社会を変えると同時に、女性たちが「内なる女らしさ幻想」の内面化から自分たちを解放しようとした。「女らしさ」という価値規範に抑圧されていると同時に、自分たちもそれに望んで従属し自己調教してしまう、そうした自己矛盾に対峙しつつその先に解放を見よう、ということだった。他方で障害者運動の人々は、「内なる優生思想との闘い」を試みた。それは障害者差別に反対しているにもかかわらず、たとえば鏡に映った自分の全身を見て障害者の身体はなんて歪んで醜いんだろうと感じてしまったり、障害者男性である自分が好きになる女性はみんな健常者のキレイな(とされている)女性だったりする、そうした矛盾をどうやって乗り越えていけばいいのか、という問いかけでした。

そういう意味での解放運動について考えると、法律や制度を変えることはもちろん必要なんですが、それだけでは足りないんじゃないか、欲望のレベルからもっと構造を変えるという文明論的な問いがあるんじゃないか、ということになります。そうした意味でのリブ的な運動には、外なる社会の変革（reform）を目指しつつ、内なる欲望を変化（transform）させていく、という両輪が必要になります。自己責任論の呪縛を解除するとは、そういうことですね。

実際にフリーター運動では、労働運動が大事であると「同時に」生存運動が大事であるともずっと言われていたわけです。つまり働けなくても、たとえ働かなくても、剥き出しのたんなる生存、生、それがそのままで生きていいんだと。誰でもそうしていいんだと。生存運動という言葉は、ある種のラディカルな無能性を肯定し尽くすものであり、資本主義が強いる正規的な労働のハードルをクリアできない人々がどうやって生きていくかという側面、つまり能力主義や優生思想、健常者主義への抵抗という側面を持っていました。そうした意味でのフリーターリブ的な可能性と、現代のメンズリブ的な弱者男性論をどうやって交差させられるのか、今後の自分の課題かもしれません。

◆本音でも建前でもない本心としての言葉とは

雨宮　そういう可能性がロスジェネ論壇の中にもあったんじゃないかということですね。

杉田　そうですね。しかし欲望を変えていくことは難しいです。先ほどの「タテマエではなくホンネでもない本心」に関して言えば、中島さんは『秋葉原事件』（朝日文庫）で、加藤智大にも届く言葉があった、という事実を最後に拾い集めて強調されていました。たとえば「BUMP OF CHICKEN」の「ギルド」という曲の歌詞は加藤の心に届いた。あるいは文学や詩の言葉だけではなく、周囲の何人かの隣人たちの言葉も、加藤の中に深く染み透る瞬間があった。加藤は死刑囚として頑なに心を閉ざしていたけれど、限られた周囲との関係を通して少しずつ変わっていく気配もあった。新聞記事によれば、たとえば次のような短歌を２０２０年以降に残していた。「職員の口には出せぬ親切を目から読み取り頭を下げる」。「全国に点在したる支援者を巻き込まぬようもうテロはせぬ」。

他者の言葉がポリフォニックに染み透って自分の中に響き渡るためには、それにふさわしい場所や環境が大事だと思うんですよね。先ほどの死刑囚の絵画展とか、そういう場所や環境がいくつも周りに揃っていく中で、時間をかけて、はじめて他者の言葉が少しずつ染み透っていく。過去の誰かの言葉が巡り巡って、長い間死蔵されていた手紙がずっと後に送り先に届くように、その人の本心の部分に本当に届くには、10年、20年もかかるかもしれない。死刑制度によって外部とのアクセスが閉ざされた環境では、なかなかそれも難しかったはずなんだけど、加藤の場合、社会の中にいた時よりも社会の外に排除され放逐された後のほうが、自分に寄り添ってくれる他者や支援者たちの存在が身近に感じられたのかもしれません。

逆にいえば、弱者男性たちの闇落ちを防止して解消するためにも、たんに言葉の正しさだけではなく、何らかの集団性や場所、環境の問題が重要なんでしょう。ロスジェネ運動の時は「連帯」と言えたんだけど、今だとそれは何なのか。オタクたちのように消費や趣味判断によって結びつくのが重要なのかな。


雨宮　ドラマ「推しが武道館いってくれたら死ぬ」を見ていても、アイドルオタクたちの一つの獲得目標に向けたエネルギーはむっちゃすごいじゃないですか。あれもひとつの連帯の新形態なのかなという気もします。というか、今の社会では推し活くらいしか連帯っぽいものが存在しない気がする。

今思い出したんですが、加藤智大が逮捕された直後に事情聴取があって、そこで彼がこんなにちゃんと話を聞いてくれたのは初めてだと言って号泣したという話が当時ありましたね。その話を聞いた時、けっこうな衝撃を受けました。つまり、彼はそれほど自分の話を聞いてもらえていなかった。友達はいても、自分の話はしていなかった。

おそらく、その点は山上も同じだったんではないでしょうか。話ができる人がいなかった。それで Twitter に統一教会への恨みや社会に対する違和感などを綴っていた。そういう話をリアルにできる人はおそらくいなかったわけですよね。あれだけ政治や社会についても知識があって、頭も良くて、いろんなことを考えていたんですから、リアルにそういう話ができる相手がいたら、また違ったんじゃないかっていう気がします。私が見た限りでは、Twitter 上でも誰かと絡んだりしてませんよね。リアルな友達でも、あるいはネット上でも率直に話せる人がいて、お前の考えはおかしいとか突っ込まれたら変わっていったかもしれませんね。だけど、彼は Twitter 上でも孤独だった。

杉田　加藤の２０００年代と現在では、ネットの意味自体が随分変わってしまった。当時は「新世紀エヴァンゲリオン」（庵野秀明原作・監督によるアニメ）じゃないけど、ネットの中では人類補完的に透明なコミュニケーションが可能なんだ、というネットユートピア的な幻想がまだかろうじて機能していた。しかし現在のＳＮＳはもはや、集団的な闘争と敵対性の殺伐とした狩場になってしまった。右と左、リベラルとアンチがひたすら罵倒し合っている。個人同士の重層的なコミュニケーションに期待するのは難しい。「論破」か「オルグ」か、という。山上の場合、ネットには何の期待もしていないですね。

雨宮　そうか。ではリアルな友達はいなかったんでしょうか。

中島　そこはわかりませんね。山上の問題が統一教会と母親の問題だということにされてしまっているがゆえに、彼のこの20年間の詳細がわからないんですよ。これは山上が作った一つのストーリーだし、それを僕は否定するつもりはないんです。しかし、色々あったなかで、40代に差しかかって、なんでこんなに俺はうまくいかないんだって思った時に、その過去を遡った末に、母が統一教会に多額の献金をしたことがいけなかったんだとなった。統一教会問題も彼が行き詰まった要因の一つですが、その後の20年にはいろんな挫折があったはずです。しかし、統一教会問題のシンプルなストーリーの中に取り込まれてしまって、そのプロセスが全部スキップされて見えなくなってしまったのが、この事件をわからなくさせている大きな問題だろうと思います。

◆社会的包摂の場を無数に

中島　それともう一つ、杉田さんの話を聞いて思ったのは、僕自身が大きな影響を受けた福田恆存《ふくだつねあり》の言葉です。日本の戦後保守の文芸批評家であり、翻訳家ですが、彼の「一匹と九十九匹と」(『福田恆存評論集』所収) というエッセイがあって、これを僕は若い時に読んですごいなと思ったんです。人間を迷える百匹にたとえた時に、九十九匹の迷える人間は、基本的には政治の様々な調整によって解決可能なものであると、こちらの人にお金がいっぱい入っているので、これを税の徴収によって再配分して安定的な社会を作ろうとか、政治の機能というのはこの九十九匹を救うために非常に重要であると。

しかし、その政治的な機能では、どうしても救われない一匹が存在している。いくらお金を持っていて名誉があって何不自由ない生活をしていても、死にたいと思うこともある。その実存的な問題に対して政治は無力であり、無力でなければならないというんですね。その人の心に政治が介入して、それを解決してやろうとすると、ファシズムのようなものになっていくと。だから一匹と九十九匹は別の存在として分けないといけない。しかしこの一匹はただ放置される人間なのかというと、そうではないって言うんですね。そこに差し込む光を持っている力が文学というものであると。これは文学に象徴される芸術文化とかを含むんですが、そこに対して与える言葉というものがあるのではないか。だから、文学者は百匹を救おうとしてはいけない。一匹の迷える子羊への光となるのが文学である。そう彼は言っていますが、僕はその通りだと思っているんです。

その上で、加藤にしても山上にしても、まずは政治で救えた可能性を探求しなければならないと思います。加藤も、居場所があったり、安定した収入や家族があったり、自分自身が承認されるような空間があったりすると、恐らく僕はこの事件のようなバッドチョイスをしなくて済んだ可能性は十分あると思うんですね。山上もまた、奈良の自分の住んでいる近所によく行く居酒屋などがあって、話し相手がいたり、安定した正社員として働いていたりしたら、こういうことを起こさないでも済んだ可能性は十分あるんではないか。

だから、政治的にまずやるべきことは再配分の機能を高めて、セーフティネットを分厚くし、ソーシャルインクルージョン、つまり社会的な包摂の場を無数につくっていくことですよね。ここがダメでもあっちがあるというような選択可能な居場所づくりが進めば、かなりの犯罪もカバーできると思うんです。しかし、これだけではカバーできないものがあります。その最後の1％の実存を担っているのが批評であり、文学であり、芸術であると思うんですね。加藤の場合は「BUMP OF CHICKEN」の音楽だったし、山上の場合は杉田さんの批評だった。しかし、なぜか蹴っ飛ばしてしまっているんですよね。これをどのように見るのかというのが、大きなところかなと思っています。

杉田　今は、政治的なものの可能性が徹底的に敵対性の次元に簒奪《さんだつ》されて、貧しくなっている気がします。一匹と九十九匹、文学と社会の間をつなぐ回路が無いですよね。一匹と九十九匹の関係は、たとえば、少数派と多数派の関係でもある。社会が多数派のものであるなら、社会の枠組み自体が変わっていかなければ、依然として一匹は排除され続ける。文学と社会、一匹と九十九匹の関係自体を緊張感をもって組み替えていくのが、本来は政治的なものの力だと思うんですよ。排除された人々をソーシャルに包摂することを大切にしながら、しかし、すべてを国民主義的・市民主義的な九十九匹に包摂してしまうことの暴力性もあります。既存の社会の枠組みに包摂されるだけなら、新たな実存や欲望の特異性が消し去られてしまう。自己のあり方と社会のあり方を同時に変えていく政治の力、デモクラシーの潜在的な可能性があらためて大事な気がしますね。

たとえば２０１０年代を象徴する #MeToo 運動でもラディカル・デモクラシーでも、属性に基づいて集団的・情動的に一体化しつつ、「敵」を攻撃することでデモクラシーの力を担保しようとします。しかしそうした敵対性のポリティクスでは、やはり政治の可能性が簒奪され、貧しくなってしまう。実際にラディカルデモクラシーの戦略は、右だろうが左だろうが、行き着くところはポピュリズムです。つまり、リベラルデモクラシーにもラディカルデモクラシーにも限界があるならば、その先を開く政治の可能性をどのように再構築していけばいいのか。

かつてのウーマン・リブに並走してきたようなマン・リブ、メンズリブの系譜には、小集団の具体的な活動を通して、男性たちの考え方や生き方を変えていこう、という細々とした系譜がありました。近年は男性学ルネッサンスともいわれていますが、『非モテから始まる男性学』（集英社新書）という本を出した西井開さん、それから北海道のほうにペンネーム「まくねがお」さんという人がいますが、彼らはそれぞれの地域でメンズリブ的な活動をしています。そうした男性たちの小集団が、自助団体的な意識覚醒の場となりつつ、ある種の政治的なものの回路を作り出してくれれば、とも期待してはいます。これはオタクたちの政治性の話とも繋がってくるかもしれません。

◆インセル、非モテを繋ぐ言葉とは

雨宮　私はインセルについては詳しくありませんが、加藤は「彼女さえいれば」みたいなことをよく掲示板に書いてましたね。どこまで本心かはわかりませんが。一方、山上も彼女はいなかったようですね。

最近では「弱者男性に女をあてがえ」論まで出てきているようですが、そこで思うのは、インセルの言う「彼女」「女」にはリアリティがないということです。頑張った俺にご褒美として女を与えろみたいな、そんなイメージに見えるんですよ。

でもたとえば、女性の間ではパートナーがいなくても「彼氏さえいれば全部うまくいく」みたいな話には全然ならない。コロナ禍で女性の生活相談もよく受けていますが、そういう場では、むしろ男性はリスクです。DVをしたり支配したり束縛する存在としての男性。一方で、一部の男性にとって彼女は「ご褒美」っぽいものという位置付けに見える。

インセル的な人たちがいう彼女とか女性って、どういう存在なんだろうというのがいまいちはっきりしないんですが、その辺はどうでしょうか。

杉田　僕の『非モテの品格』（集英社新書）や西井開さんの『非モテからはじめる男性学』（集英

社新書）でも論じられていますが、非モテの問題は恋人がいれば解消されるというものでもありません。むしろ、恋愛や結婚によってかえってこじらせたりする。つまり、そこには恋愛や性愛だけではなく、複雑な排除の問題がある。たとえばある集団の中で（性差別とは言えないようないじめ、からかいを受けて傷ついた男性が、恋愛や結婚の中に一発逆転を夢見たりする。根の深い複雑な傷や剥奪感を解消するための回路が、「仕事」か「女性」しかない、という選択肢の貧しさがマズいんですよね。

そこには色々な社会的回復の回路があるべきだし、メンズリブ的な実践があるべきだと思うんです。今回の『男がつらい！』という本でも、勝ち組ではない普通の冴えないおじさんたちが集まって、だらだらまったり過ごしたり、一緒にパンケーキを食べたり、猫カフェで遊んだりしたっていいんじゃないか、ジェンダー規範に縛られなくていいんじゃないか、と書きました。そこそこに幸福で楽しい人生のヴィジョンが、男性たちはそもそも貧しいと思うんですね。もっと豊かで複雑な幸福のイメージを作っていかないと、女性との性的関係を通して傷を解消するしかないとか、その裏返しとしてミソジニー、フェミサイドに落ち込んだりしてしまう。それでは本当にどうしようもありません。

もちろんそれは、フェミニズムが男性問題を考えてくれない、ということではなくって、男性たちがちゃんと男性問題を考えてこなかった、ということですけれども。

中島　加藤も女性に対するそうした幻想の中にいたんだと思います。加藤は、青森で正社員になった頃には彼女がいて、彼がいろんなことを話せる居酒屋の店主に彼女を紹介したりしています。その居酒屋の店主を僕は探し当てましたが、「結構かわいい子で、ええっとびっくりして、お前やるじゃんと言った」というんですよ。けれども、その子とはあっけなく別れて、ネット上の掲示板で出会った女の子を訪ね歩く旅に出てしまう。

加藤は、裁判で「建前の関係」と「本音の関係」の違いを述べました。現実は建前で、ネットは本音だと。彼にとって現実はどこまでも建前が支配していて、自分の本音を出すことができない。しかし、ネットでは本音で繋がることができる。このリアリティが、現実の関係性を阻害していった。

さらに彼は「本音」と「本心」も違うと言います。彼は「本音のネタ」という言い方をするんですよ。「世界平和のために貢献したい」というスレッドを立ててそこを開けたら、モテている男たちを爆死させたいみたいな書き込みが出てくる。そんなことを彼は繰り返していましたが、これが本音のネタであると。10人中9人が「何だこの迷惑な奴」「不謹慎な奴だ」と嫌悪感を抱いて離れていくのですが、面白いと思ってくれる人がたまにいる。その人は自己を承認してくれる人だと見なして、本心の関係が結べるんじゃないかと期待するんですね。自分の全てを包み込んでくれるかもしれない。分かち合えるかもしれない。まるで人類補完計画のような人間関係を結べると考え、それを女性に求めていくのです。だから、いろんな現実を切ってまでも、そんな可能性のある人のところを訪ね歩いて、告白して、フラれて、泣いたりしているんです。自分の弱い部分は、そういうところだったら出せたりする。
女性と付き合えないから辛いというよりは、母親との関係などで傷つき過ぎているがゆえに、自分の全人格を包んでくれるような理想的な女性との出会いを過剰に求めていたんだと思います。しかし人間である以上、そういうことは現実にはあり得ないわけです。人と人とが異なっているがゆえに愛が存在するし、合意形成が重要な政治も存在するということを理解しなければいけないんですが、その辺がふっ飛んでいるような気がするんです。

雨宮　加藤のその話って、2000年代の自分の周りのサブカル男子を見るようです。ネット上でしかやり取りがないのに、自分と同じ漫画や映画が好きというだけで運命を感じて会いに行ったという人を何人か知っています。なかには付き合った人もいるので、それはひとつの幸せなケースなんでしょうが、実際そんなにうまくいくわけがない。
加藤のそういう「マジョリティにはわかってたまるか」というのは、死刑囚表現展にもたぶんに現れていましたね。わざわざ応募作品に「表現展にも居場所なし」と大きく書いてあったり、死刑囚表現展自体を「男尊女卑」ならぬ「絵尊文卑」だか「文尊絵卑」だといって揶揄したり。身内や詳しいマニアだけが理解できてクスッと笑うような笑いをちりばめて、あえてマジョリティを排除するような作風です。

それだけに、さっき杉田さんが紹介してくれた短歌にはちょっとびっくりしました。「職員の口には出せぬ親切を目から読み取り頭を下げる」なんて、ある意味加藤がもっとも嫌っていたベタなものじゃないですか？　数年前の彼だったら、そんな感謝を伝えるような短歌を書いたら負けだ、くらいに思っていたんでしょうが、それを出せるようになったというのは大きな変化だと改めて思いました。

中島　一方で共通しているところもあるような気もするんですね。これが本音と本心の使い分けで、表現展の作品と掲示板の書き込みとは同じ「本音のネタ」だと思うんです。だから、あえて不謹慎なことをいっぱい書いて、ぎょっとさせる。それでもなお、あなたのことをわかりたいと言ってきた人には本心を告げるというパターンで、その本心が多分短歌なんだと思うんですよ。彼の設定した壁をクリアして自分に接近してくれた人に対して、彼は心を寄せようとする。

それは裁判の時でも、同じように思いました。「自分が死にたいからといって人を巻き込むんじゃなくて、自分で死ねばよかったのでは」という言葉にはピクリともしないのに、ドライバーで大怪我を負った湯浅さんという方が、「あなたが何でこういうことを起こしたのか、私は知りたいです」と言った時には、「はい」とうなずくんですね。

だから加藤に言いたいのは、「自分で設定した壁を突破してきてくれた人とは人類補完計画的関係を結べるというのは、あなたの一方的な幻想ですよ」ということです。そこを突破してもらわないと、彼は他者との信頼関係を結べないと思います。「BUMP OF CHICKEN」の曲などは、そんな加藤を突き刺す批評性があると思いますが、そことは最終的に向き合えないまま、死刑になってしまった。死刑はやはり、彼が真の意味で反省するチャンスを奪ってしまったんだと思います。

◆テロリズム時代の幕開けとしての秋葉原事件

杉田　中島さんがかつて『朝日平吾の鬱屈』（双書Zero、筑摩書房）を刊行したのが2009年で、『秋葉原事件』を刊行したのが2011年ですね。『朝日平吾の鬱屈』を読むと、一種のロスジェネ論になっていて、赤木智弘さんの「希望は戦争」という言葉と大正時代の朝日平吾の叫び声は共鳴する、とされます。そして、政治思想史家の橋川文三の「超国家主義」についての論考を援用しながら、「希望はテロ」の時代であってほしくない、と書いています。『朝日平吾の鬱屈』を書いたのは、秋葉原事件の前だったんですか。

中島　いや、秋葉原事件を踏まえて書きました。大正10年に朝日平吾青年は安田財閥の創始者を刺殺し自害しますが、彼が抱えた鬱屈と承認願望は現代にも通じるのではないかと考えたものですから。

杉田　なるほど。秋葉原事件は連続するテロリズムの時代の幕開けになりかねない、という問題意識がすでにあったんでしょうか。

中島　そうですね。政治思想史研究者である橋川文三の本を読み始めたのは90年代半ばぐらいで、「エヴァンゲリオン」などが出てきた頃です。生きづらさが壮大な暴力に繫がっていくという構図が相似形で、「エヴァンゲリオン」に惹かれる人が多いということは、戦前のテロ・クーデターの当事者たちと通底するものがあるんじゃないかと思ったんです。戦前日本の石原莞爾《いしわらかんじ》、大川周明、北一輝などと類似していると思って、１９９５〜96年頃から日本の戦前の右翼のことを研究し始めました。

秋葉原事件が起きた時に、ついに生きづらさの鬱屈が暴力的なものと結び付いたと思ったんです。その少し前には、赤木さんの「希望は戦争」という暴力的な言説があったりして、ついに青年将校たちが政党や財閥を倒して軍部中心の政府をつくろうという五・一五事件や二・二六事件に繫がっていくような衝動が現れたと思って、朝日平吾を書こうと思ったんです。

秋葉原事件は誰が敵かわからない無差別殺傷事件であり、そうした事件がなぜ頻発するのかというのが当時のポイントでした。五・一五事件や二・二六事件の時だったら、悪い奴は「君側《くんそく》の奸《かん》」だと名指ししてテロに向かったけれども、今の新自由主義時代はその構造が不透明だから、自分の辛さが何によって強いられたのかが見えず、特定の誰かを殺せない殺人事件というのが問題だったわけです。それが、ターゲットを明確にしていくと、テロへと発展していくに違いないということを『朝日平吾の鬱屈』では書いていたんですね。

杉田さんの見立てと同じだと思いますが、抽象的でありながらもターゲットが具体化してきたのがやまゆり園の事件でした。社会がこんなに悪いのは障害者がいるからだと。障害者という抽象的なカテゴリーですが、ターゲットが具体化されてきた。さらに小田急線の事件だと、対象が女性になり、そして今回、山上による安倍晋三暗殺事件というところにいったわけです。杉田さんは、その辺ってどう思いますか。

◆日本近代史をめぐる政治と信仰の問題を突きつけた山上事件

杉田　山上の事件については、今まで自分にとって関心のあった出来事が星座のように繋がって一気になだれ込んできた、という感覚がありました。僕の誕生日は1月17日なんですが、1995年、20歳の誕生日の早朝に阪神淡路大震災が起こったんですよ。それから間もなく、通学でたまに使う地下鉄でオウム真理教による無差別テロリズムが起き、さらにロスジェネ的な就職氷河期に入っていった。僕はフリーター論で物書きとしてデビューして、秋葉原の事件について文芸誌で原稿を書き、相模原の障害者施設の事件については立岩真也さんと共著を刊行した。最近は、昭和維新や超国家主義について書いた橋川文三についての本を出したりもしました（『橋川文三とその浪曼』河出書房新社）。そして弱者男性についての本を書いている時に山上の事件が起きた……日本の近代史や戦後史をめぐって、政治と宗教と暴力と資本主義が絡まりあうような問題が一気に結びついて、自分の中になだれ込んできたような、そうした目眩《めまい》を感じたんです。

『男がつらい！』の再校ゲラの作業をしている時に山上の事件がありました。もう少し事件が早く起こっていたら、この本は世に出せなかったかもしれない。というのは、この本は、日本の現代の弱者男性たちはなぜ、自分より社会的に弱い者に暴力を向けるんだ、権力という上を撃たないんだ、武器を向ける方向が違うんじゃないか、そういうことを延々と書いているんですね。そんな時に事件が起こった。本として世に出る前に、現実の側から、お前の書いていることは違うんだ、と突き付けられたようだった。やっぱりショックはありました。

この時代において、「敵」をどう正確に名指せるかが重要な気がします。他方では、敵対性のポリティックスによってかえって政治性が奪われています。にもかかわらず、敵／味方のわかりやすい二元論とは別の形で、しかも非テロリズム的な形で、「敵」を名指さねばならない。敵対性のポリティックスというのは、先ほども言いましたが、ラディカルデモクラシー（戦略的本質主義）のように、ワンイシュー的に敵と味方をはっきりさせ、情動的な集団化によって攻撃を仕掛けることで、空洞化しつつあるデモクラシーを活性化させる、という戦略です。しかし、そうした敵対性の政治によってかえって本当の「敵」を見失っている。ラディカルデモクラシー的な敵対性の戦略だけにとどまらず、しかし陰謀論的に偽物の敵と戦うのでもなく、本当の「敵」の正体を分析してつかまなければならない、という難しい舵取りを迫られている気がします。

たとえば、インセルというのもグローバルな問題であり、国際的に様々な事件や犯罪が起こっていますから、日本国内だけでは考えられません。統一教会の問題も、特殊なカルト宗教の一過性の問題ではなく、日本と東アジアの戦後史に深く食い込んだ、政治と宗教と資本主義が複雑に絡まった現代的な問題の現れでしょう。橋川が問うていたのもそういうことで、日本の近現代史をめぐる政治と宗教の絡み合いを根本から問い直さなければならない。

愛国といいながら国を売り渡す。家庭が大事といいながら家族を内側から破壊する。民主主義国家では暴力は許されないと主張しながら民主主義を腐食して形骸化していく。日本の右派や保守が、日本人から金銭を収奪して天皇に土下座をさせると主張している韓国起源のカルト宗教と癒着しているというのは、どこかニヒリズムの究極という気がします。しかし21世紀的なニヒリズムとは、そもそもそういうものなのではないか。仮に統一教会を抑え込んでも問題が根治するわけではない。そうしたニヒリズムは、宗教右派や新保守主義者だけではなく、リベラルや左派の側にも蔓延している感じがする。その正体を知りたいですね。

中島　僕はフラグメンツ（断片）への熱狂が起きているのではないかと思ってきました。つまり、改憲と言えば保守、靖国に行けば保守みたいに、パーツへの熱狂が起きていて、「保守とは何か」という哲学や全体像がない。特定のアイテムを身につけて「保守」になった気になる「コスプレ化」が起きているのではないかと論じてきました。

雨宮　さっき杉田さんが、「愛国といいながら国を売り渡す。家庭が大事といいながら家族を内側から破壊する」とおっしゃいましたが、そんな統一教会と自民党との癒着ぶりに、あの事件以来、ずっと呆然としています。

これまで十数年間、私は政治に対して声を上げてきました。特に自民党議員にわかってもらうため、不安定雇用を広めたら間違いなく少子化は深刻化する、ロスジェネが家族形成できない背景には細切れの雇用がある、ロスジェネ女性の出産可能年齢が過ぎる時期が迫っているなどと訴えてきました。言葉を尽くしてきたつもりです。「選択的夫婦別姓」などを求める方々もそうだと思います。なんとか理解してもらおうと、手を替え品を替え、いろんな訴え方をしてきたはずです。

だけど、統一教会との関係が明らかになってから、そんなことはなんの意味もなかったんだと突きつけられた気分です。どれほど言葉を尽くそうと、データを示そうと、そんなことはなんの関係もなかった。だって、相手はカルトとズブズブだったんだから。自分は今まで何と対峙してきたんだろう、とものすごい徒労感に苛まれました。フタを開けたら、とんでもない空洞が広がっていた。衝撃と同時に、あれ以来、政治への関心が急速に薄れつつあるという状態です。

ネトウヨはどうやってこれを乗り越えているんでしょうか。自分たちがヘイトの対象としていた韓国の宗教に、この国の与党が乗っ取られていましたなんて、もし他の国でこんなことが起きたら「終わってる」とみんな笑うでしょう。ただ、それが自分の国の中枢で起きていた。悪い冗談みたいです。

杉田 フタを開けたらとんでもない空洞って、ホントにそうですよね。女性差別やトランスジェンダー差別について、真剣に議論したり誠実に論争したりしていけば、いつか誤解がとけて、啓蒙的に正しい合意に辿り着けるのかと思っていたら、政治的イデオロギーですらなくて、たんなるカルトのプロパガンダでした、という虚しさですよね。統一教会の影響力については、多くの人はうっすらと知っていたと思うんです。でも、ここまで政治の重要部分に食い込んでいるとは、一部のジャーナリストや専門家以外はわからなかったのではないか。反ジェンダーや反トランスについても、様々な組織的な工作があって、何枚も外皮を剥がしていったら、本当にしょぼい、むなしい、つまらない現実があった。そのガッカリ感ですよね。

雨宮 この3年、コロナ禍で困窮者支援の現場も大変なので、何度も政府交渉をしています。恒久的な家賃補助制度を作ってほしいとか、外国人への公的支援の拡充とかを、議員会館で厚労省とか法務省とかに訴えるんです。ですが、あの事件以降どうにも身が入らないというか、統一教会に乗っ取られている政府と交渉して何の意味があるんだろう、ということがどうしても頭に浮かんでしまう。これまで、そんなふうに政策提言をして状況を少しでも良くしていこうという試みを積み重ねていたのに、あの事件以降、ニヒリズムというか、冷笑的になってしまう自分が怖いです。

杉田　この間、デマやフェイクニュースがずっと批判されてきました。エビデンスに基づいたファクトチェックもされてきた。どんなにデマやフェイクがまき散らされても、陰謀論的な思考を除去すれば、リアルな現実があると思っていたら、現実それ自体が陰謀的組織に強く動かされていた。陰謀論ではなく「陰謀的現実」が普通にあったわけです。デマやフェイクの場合は、何らかの目的のために意図的に操作されているわけだけど、陰謀的組織の場合は正常と異常の区別すらも判然としない。

ジョージ・オーウェルの『１９８４』は全体主義的国家によって統治された近未来世界の恐怖を描いたディストピア小説ですが、そこではまだ、「狂った現実」と「狂っていない真実」の対立がはっきりしていた。その点では救いがあるし、今の我々の現実に比べて牧歌的にすら見えてしまう。オーウェルよりもアメリカのＳＦ作家、フィリップ・Ｋ・ディックの世界に近いのかもしれない。現実と虚構がモザイクというかパッチワークになって、何が真実で何がフェイクなのかが誰にもわからなくなってしまう。そうしたディック的世界が現実それ自体として露呈してきた感じ。アイロニーやシニシズムすら機能しないバカバカしさというか。

だから、中島さんがおっしゃる「山上を英雄視するな」というのもわかるつもりです。山上を革命家のように祭り上げて、彼に後続する人間が出てきて、民主主義的な政治では何も変わらないんだ、という暴力の連鎖が起こってしまうのはまずい。結局、それらの暴力の鎮圧を口実として国家権力が肥大化し、上からのテロリズムが進んでしまう。だからこそ、時代のニヒリズムを超えていく言論が必要だと思います。統一教会をたとえ法的に無力化しても、根本のニヒリズムに侵食されたら負けということです。

◆直接的なデモクラシーの模索

中島　我々3人はすごく近い誕生日で、1975年の1カ月以内に生まれたんですよね。山本太郎さんも1974年11月で近いんですが、自分を含めてずっと考えているのが「60歳の山本太郎」という問題なんです。我々はあと10年ちょっとで60代になる。これから10年間、山本太郎さんや僕たちが、ロスジェネ世代としてどのように闘い、そして老いを迎えていき、最後にどのような形を作ることができるのか、ということです。これは、ある種の政治的シンボルとして、山本太郎という人に仮託されているところがあると思っているんですね。

杉田さんは最近、スロベニアの哲学者スラヴォイ・ジジェクなどを読まれていますよね。私もシャンタル・ムフやエルネスト・ラクラウなどのラカン左派のものが気になって、読み返しています。ここにあるのは、ラディカル・デモクラシーという問題ですね。年に1回投票に行っただけでは、僕たちは主権者だという感覚を持てない世界に生きていて、主権者でありながら主権から疎外されているという感覚が強くなっていく。もっと直接的なデモクラシーというのはどういうものなのかというのが、30年ぐらい政治学で議論されてきたんですね。

そのうちの一つで、オーソドックスな回答が「熟議デモクラシー」というものです。異なる価値観や属性の人たちと出会い、そこで話し合いをして合意形成をし、自己も変容していくことで前に進めていこうという考えです。私は保守的な人間なので、この熟議デモクラシーが重要だと思っているんですね。フランスの政治思想家、アレクシ・ド・トクヴィルが『アメリカのデモクラシー』で述べた中間共同体の重要性という問題と繋がります。

一方で、それでは生ぬるいというのが闘技デモクラシーで、対立点を明確にして闘いを挑んでいくというものなんです。それは相手に暴力を働くという意味ではなく、格闘技の「闘技」と書きますが、敵対性を重視し、敵なのか友なのかという線を引いて対立点を明確にする。「○○がおかしい」と名指しをすることによって、感情的なものを動員しながら、政治の力へと繋げていくというあり方です。それが闘技デモクラシーとか左派ポピュリズムといわれている運動で、先ほどあげたシャンタル・ムフとかラクラウという人が主張してきました。「お前ら一部の人間だけが勝手に決めてんじゃねーよ、俺たちこそが主権者だよ」という異議申し立て運動として生まれてきたのです。ロスジェネ運動とか山本太郎のれいわ新選組は、ここからスタートしているんだと思います。竹中平蔵が悪い、小泉純一郎が悪い、安倍晋三が悪いんだとして、私たちのある種のエモーショナルなもの、情動的なものを動員していくというやり方です。

ただこれは、杉田さんがおっしゃったように、どうしても敵対性を生み、亀裂を煽《あお》っていくことになります。ラクラウは、常に不審者でなければいけないと言いますよね。「お前たちだけで決めるなよ」という異議申し立ての運動で、常にオーソドックスなものを解体しようとする力学を持っていますが、このラクラウの議論は、論破王とも呼ばれるひろゆき（西村博之）のような言説にもつながってしまうと思うんです。ひろゆきもまた政治的な不審者ですよね。あえて嘲笑しながら、異議を申し立てていく。建前の世界に亀裂を生じさせ、仮面を引き剥がそうとする。そのプロセスで、多くの人の情動面を喚起し、権威を失墜させようとする。

私は闘技デモクラシーや制度の不審者であることの重要性を認めたうえで、これを次の段階に進めることは必要なのではと思っています。大きな包摂というか、その敵対性を超えてみんなが幸福へと向かうことができる次元の運動とはどのようなものだろうかと考えています。僕たちの運動や批評性、あるいは政治性を、次の段階に昇華させせないといけない、そうした段階がこの10

年で来ると思うんですね。これが僕のいう「60歳の山本太郎」問題なのです。

山本太郎さんの中には、ある種の敵対性とともに包摂性があり、僕はその包摂性に素直に感動しています。先の参議院選挙で、重度の障がいのある舩後《ふなご》靖彦《やすひこ》さん、木村英子さんの二人を国会に送り込んだのもその表れですね。一方において、その運動自体が持っている敵対性の問題があって、そこをどういう世界に昇華できるのか、そこから希望が見えてくるかもしれないと思っていて、そのシンボルなんだと思うんですよ、彼は。

僕たちはどのようにしてここから成熟できるのか、どのようにしてこの国の形を変えていけるのか、どのようにして敵対性を超えて次なるものを創り出すことができるのか、そろそろ50歳を迎える僕たちの「あと10年間」の課題であり、もうひと仕事しないといけない重要なポイントだと考えます。そうした声を、加藤や山上の暴力の先に創っていきたいと思いますが、お二方はどうでしょうか。

雨宮　あと10年の課題ですね。もしかしたら山上や加藤になっていたかもしれない人が、山本太郎の言葉に救われたというバージョンはあるだろうなと思いますね。特に二人ともロスジェネだから、刺さるところは絶対にある。

杉田　そうですね。僕も今、デモクラシーを基本から学ぶことが大事だと思っています。たとえば『現代民主主義――指導者論から熟議、ポピュリズムまで』（中公新書）を刊行した山本圭氏は、リベラルな熟議や対話に基づくデモクラシーという大前提が崩れて、ラディカルな闘技性や敵対性に基づくデモクラシーが出てきたけれど、それもやはり限界を迎えている。かといって、話し合えばお互いの差異と多様性を認められるよね、というリベラルデモクラシーにも戻れない。では、その先のデモクラシーとは何だろう――といったことを論じています。たとえば近年、ロトクラシー（籤引《くじびき》民主主義）、エピストクラシー（知者の統治）、コモンズのデモクラシーなども注目されていますが、どうなるでしょうか。

中島さんのように歴史のスパンをもっと長く見て、加藤智大や山上徹也の暴力を日本の戦後史、近現代史の中の反復として見つめるような視点も改めて大事だと思います。そして剥き出しのたんなる資本主義に通ずるようなニヒリズムの正体を見極めて、今本当に対峙すべきものは何なのか、本当の「敵」は何かを分析していかねばならない。様々な新しい概念が飛び交っているけれども、まだ多分、誰にも十分に「敵」の正体を分析し切れていない。兆候は少しずつ顕れている感じはしますが。

ジジェクは、絶望する勇気を持て、と言っていますね。リベラルや左派こそが現実を変える代替案を何も持っていないんだ、無なんだ、そのことに絶望しろと。人気取りのために偽物の敵を名指しして疑似的な変革を演出したり、敵対性のポリティックスに走ってワンイシュー的な分断を深めたりするのではなく、まず「現実」の基礎的な理論化の作業が必要な段階なのではないか、と個人的には思います。つまり「現実分析」が何より大事なのではないか。たとえば現在の資本主義も、どこか、マルクス主義や近代経済学でいう資本主義とは別のもの、怪物的な何かに変貌しつつあるように見えます。かつて橋川文三が「昭和超国家主義の諸相」について分析したように、「令和超資本主義の諸相」を分析しなければならない。ネオリベラリズムという言葉すら生ぬるい圧倒的なニヒリズムに直面して、それに対抗するデモクラシーをもう一度基礎的に展望していくとは、どういうことか。それがロスジェネを象徴する加藤智大の暴力に対して、彼の死後にもう一度「だが」を突き付けることであり、山上徹也の暗殺という行為に対して「だが」によって応答することではないか。そんなことを思ったりしますね。

第３章

加害者とその救済を精神分析的に考察する

〈斎藤環／中島岳志／雨宮処凛〉

『「自傷的自己愛」の精神分析』（斎藤環、角川新書）

3回目鼎談（2022.12.6）

斎藤環
中島岳志
雨宮処凛

◆加藤智大を追い詰めた、インセル、自傷的自己愛

雨宮　加藤智大死刑囚の死刑が２０２２年７月、相模原事件が起きた６年目のその日に執行されましたが、その直前には安倍元首相銃撃事件が発生しています。そうしたタイミングでの死刑執行に関して、斎藤さんはどう思われましたか。

斎藤　まず、加藤智大の通り魔事件は、それまでなかったような象徴的な事件でしたね。その背景に関しては、安倍元首相暗殺事件の山上徹也容疑者以上に、異例なくらい色々な言説が飛び交いましたが、ロスジェネ世代にとって、当時の派遣社員の問題や格差問題を象徴するかのような犯罪だったということで、すごく注目されたわけです。ただ、当事者の発言を尊重するならば、加藤自身はそれを否定し、自分は派遣社員で苦労したから犯罪を犯したわけではないし、格差の

犠牲者でもない、といったことを言っていますよね。そうなってくると、解釈が難しいと言わざるを得ません。

ただ、精神分析に関わっていますと、そうした言葉は、一種の「否認」であるとも考えられます。つまり、それが当を得ているからこそ否定してしまうということがあり得るのではないかと思います。当事者発言は尊重されるべきですが、その否定の角度によっては、そこに吟味すべきものがあるかもしれないというところまで想像力を働かす必要があるのではないかと思いますね。死刑執行によって、これ以上の解明は困難になってしまいましたが、この謎といいますか、何が彼を追い詰めていったのかに関しては、引き続き検討を続けるべきだと思っています。

ただ、難しいのは、大方の犯罪がそうですが、勾留や服役が長引いたりすると、だんだん本人自身の記憶や動機も変容してしまうといったことが起こるといわれているんですね。この間亡くなった中井久夫という精神科医は、「精神鑑定というのは海老の躍り食いだ」と言っていました。一番活きのいいとき、事件の直後じゃないと真相にアプローチしにくい、ということですが、確かにそうなんですよね。時間が経ち過ぎると、いろんな感情や理屈がくっついてきて、かえって本人自身にも真相がわからなくなるということになりかねない。そうした意味でも、真相の解明は難しくなってきたとは思いますね。

ただ、偶然にしてもできすぎた符合ですよね。加藤と山上との世代的な近さもそうですし、なぜこの時期に死刑執行だったのかということもそうです。象徴的な見方にこだわるなら、彼らの存在を社会がずっと排除してきたことの現れとしての現象、という意味はどうしても無視できない、と考えています。

中島　斎藤さんの『「自傷的自己愛」の精神分析』(角川新書)という新刊を読ませていただいて思ったのは、やはりいずれも自傷行為としての事件だという観点が大事だという点です。秋葉原事件もそうですし、東海道新幹線の車内での殺傷事件とか、山上の事件でも、強い自己否定とか自己憎悪のような言葉とともに事件が起きています。他者を殺傷した事件ですが、それは自傷行為として行われ、かつそれが「自傷的な自己愛」というものとつながっているんだと、斎藤さんは見ていらっしゃると思いますが、この観点から秋葉原事件から今日までの事件は、どのように見えますでしょうか。

斎藤　おっしゃる通りですね。最近の通り魔的な事件の多くが自傷行為に見えてしまうということは、一貫した傾向としてあると思います。象徴的な台詞として、「死刑になりたくてやった」という当事者の言葉がよく聞かれます。もうひとつ、容疑者の多くは逮捕されても顔を隠さず、昂然《こうぜん》と頭を上げて逮捕されていくというのも象徴的なシーンです。自分を隠蔽しようとか守ろうという意思は全くなくて、ほとんど露悪的《ろあくてき》にさらけ出していこうという強い意思さえ感じられます。

これらも一種の自傷行為と言っていいと思いますが、最近はややこしくて、加藤にしても直後は「神」とか呼ばれたわけですよね。山上にいたっては露骨に絶賛する人がいっぱいいるわけです。その後の統一教会の闇の暴かれ方から見て、それは無理からぬところもあるんですが、そういう反響が出てくることを考えると、自傷と同時に「承認」も得られるという非常にややこしい回路がそこにはあります。自傷の傷をみんなに見せて共感してもらうとか褒めてもらう、そういう複雑な回路がＳＮＳの介入によって増幅してしまったのではないかという気がします。ただ、加藤の時はまだＳＮＳが今ほど普及しておらず、スマホもなかった。Twitterが出てくるのが２００９年からですから、犯罪があった２００８年はまだ携帯で見る掲示板しかなかった。そういう時代背景を考えると、承認という動機はわりと少なくて、自傷的な意味合いのほうが強いのかなという印象がまずあります。

その本にも書きましたが、アメリカ発の「インセル」(Involuntary Celibate、望まない禁欲者)という言葉があります。日本で言えば、非モテ系の陰キャな人々が、性的な禁欲を不本意に強いられ、女性を嫌悪するという男性コミュニティを指す言葉です。アメリカでもインセルによるとみられる犯罪が最近起きています。日米のインセルの共通項として、少しでもそこから抜け出そうとするやつがいると足を引っ張るとか、世間（ことに女性）に対して漠然とした恨みを持っているとか、自分はブサイクでコミュ力も低いから女性に相手にされない、といった劣等感を持っている、などという点があります。犯罪率が特に高い集団というわけではありませんが、インセル的な動機に基づいた犯罪が時に報じられます（「アイラビスタ銃乱射事件」２０１４年 など）。山上も掲示板に自分はインセルだと書いていますが、そういう心情的な近さが結構感じられます。

私はそうしたインセルの心理も、自傷的な自己愛に結構近いんじゃないかと思っているんです。私がこの言葉を発案したのは、ひきこもりの青少年と長く付き合ってきたことと関連します。ひきこもり、特に男性のケースでは、「自分はもう価値がない人間だ、早く死んだほうがいい」などと言って、すごく自分を否定するんです。こちらが、「まあまあ、君にもいいところもあるんだから」と言ったりしようものなら、激怒して食ってかかってくるぐらい自己否定が強力なんですね。ただ、「自分は死んだほうがいい」と言いながらも、幸いなことに彼らはそう簡単には死なないし、鬱病などに比べれば自殺する率はかなり低いほうだと思います。そう考えていくと、彼らの自己否定というのは、ひょっとすると自己愛の現れなんではないかと思い至ったわけです。その根拠として、彼らは「自分がいかにダメか」ということをずっと考え続けている、という事実が挙げられます。つまり、ずっと考え続けるくらい、自分に関心があるということですね。こういう感情も結構強い自己愛に由来すると考えられます。ですので、あなたが自分を否定し続ける気持ちは、自己愛から来ているかもしれないよ、ということに気付いて欲しくてこの本を書きました。

◆自己承認をめぐる親との関係について

中島　斎藤さんがお書きになっている自己否定性というのは、自分のことが大切であるがゆえに自分をディスる（否定する）という行為ですよね。この原因の一つに、幼少期の親、特に母親との関係があると思うんです。親からの承認が欠如しているがゆえに、現在の自分も承認できない。加藤にしろ、山上にしろ、母親との関係がうまくいっておらず、自己承認が得られない環境にあったことは報道されている通りかと思いますが、斎藤さんはどう見ていらっしゃいますか。

斎藤　おっしゃる通りです。自尊感情が育まれるうえで、幼児期に親からの承認――それは母親に限らず父親でもそうですが――がきわめて重要です。いわゆる愛着関係がちゃんと成立していれば、健康な自己愛や自尊感情が育まれると言われています。加藤にしても山上にしても、残念ながらそうした自己愛の形成は必ずしもうまくいったとは言えない環境にあったと思います。

一般論を言いますと、女性の場合は、どちらかというと母親との関係性の中で支配され否定され続けることによって、自己愛が歪《いびつ》になってしまうことがよくあるという印象を持っています。男性の場合は、親以外の関係でも自傷的自己愛に至ることがよくあります。ひきこもりが典型ですが、例えばクラスのスクールカーストで下位だったとか、いじめられたとか、失業したとかいったことで尊厳が傷つけられる経験を重ねることによって、自傷的自己愛に至ってしまうことがよくあります。そういった意味では、加藤にしても山上にしても、家族に起因する自傷的自己愛の男性事例として、やや特異なケースなのかなと思っています。臨床現場ではそれほど多くないので。

加藤に関して言えば、中島さんの本でも書かれているように、彼がされてきたことは明らかに虐待ですよね。身体的虐待や心理的虐待があって、性的虐待はなさそうですが、結構酷いことをずっとされてきており、これではさすがに自己愛が壊れてしまうと思わざるを得ません。承認に基づく自己愛の土台は、基本的には親が作るべきものですから、それを破壊され続けている。特に、叱る時に叱る理由を言わないというのは、子どもにとっては存在の全否定に等しいわけで、間違いなくトラウマ的体験になったのだろうと思います。加藤がそれに該当するか断定はできませんが、そうした状況下で長く育っていくと、いわゆる複雑性ＰＴＳＤ（心的外傷後ストレス障害）になってもおかしくはない。

一方、山上に関していうと、確かに母親が虐待同然の処遇をしてきたことは事実だと思いますが、根本にあるのはカルト信仰で、統一教会によって母親がおかしくなっているという前提があります。つまり、加藤のような、親からの理不尽な存在の否定に比べれば、虐待の外的要因がはっきりしているという意味で、怒りの向かう先が先鋭化しやすかったのではないか。ただ、どちらも不幸な幼少期を送ったことによる自己愛の成熟の失敗というか、歪《いびつ》な方向にいってしまったという共通点はあるように思います。

中島　二人に共通することですが、一方で、家庭内で親、特に母親との関係がうまくいかないということがありながら、学校では成績優秀で、いじめの体験もあまり見受けられません。そこのギャップを、斎藤さんはどのようにご覧になられていますか。

斎藤　そうなんですよね。加藤なんて、それこそ非モテの陰キャ（陰気な性格の人）かと思いきや、結構知り合いが多かったり、行きつけの酒場があったりしたと聞きますので、対人関係を作る能力、いわゆる「コミュ力」が低くはなかっただろうと思います。山上にしても、そういった能力については人並み以上だったと思いますし、勉強もできたということですから、決して社会的スキルは低くなかった。そうなってくると、共通しているのは、ハイスペック（有能）であるにもかかわらず、自己愛が歪なままという苦しさだったのではないかと思います。これはどちらかといえば女性に多いのですが、容姿も優れていて、スペックも高いんだけれども、それに不釣り合いなほど自尊感情が低いという人をよく見かけます。謙遜なのではなく、本当に自信がない。この傾向はほぼ例外なく、親子関係の問題に帰結するという印象です。特に母親によって否定され続けた経験があると、どんなに社会的に成功しても、なかなか安定した自信が持てない。経験的には、こうした自傷的自己愛の修復はかなり難しいと思います。男性では結構珍しいパターンなのですが、加藤や山上のように高いスペックと低い自己愛のギャップで苦しむ経験については、やはり親の影響が大きかったのではないかと考えています。

雨宮　でも、親に100パーセント承認をもらっている人なんておそらくいない気もします。それと、加藤が受けた虐待は確かに同情すべきものですが、加藤よりひどい虐待を受けてきて、事件を起こしていない人は大勢いるわけです。そのうえでなぜ、加藤はああなってしまったのか。インセルとか非モテという言葉は、あの事件の頃にはまだ一般的でなかったと思います。特にインセルについては、いまいち理解しきれていないところがあるので、その辺をお聞かせ願えないでしょうか。

斎藤　難しいんですけど、ルーツのひとつとしては、1999年に起きたアメリカのコロンバイン高校銃乱射事件がありましたよね。あの犯人がまさにいじめられていた非モテ高校生（トレンチコート・マフィア）ということで、あの辺からこうした傾向が目立ってきた感じがします。あの事件以降、アメリカでは同様の事件が多発していて、その最悪のケースが2007年に起きたバージニア工科大学銃乱射事件（孤立していた韓国人留学生による）ではないでしょうか。よくいわれるように日本でも10年遅れぐらいでこの手の事件が増えてきました。秋葉原事件がもっとも有名なんですが、加藤はあの直前、2008年3月に起きた土浦連続殺傷事件の影響を受けていたんじゃないでしょうか。

中島　「誰でもよかった、わかる気がする」と書いています。

斎藤　生きる意味を失って「死刑になるために複数人の殺害を選択した」ということでしたね。その後ネット上でテンプレート（ひな形）になった「誰でもよかった、今は反省している」みたいな話ですけれども、この事件が起きたのは２００８年でしたから、日本ではこのあたりにルーツの一つがありそうです。そもそもひきこもり自体が誘拐・監禁事件で有名になった現象なんです。１９９０年に新潟の柏崎で起きた少女監禁事件で、ひきこもっていた男性が、10年間女の子を自室に監禁していたわけです。この事件は通り魔ではありませんが、反社会というよりは非社会的なニュアンスの犯罪という意味では、一連の通り魔事件との類似性はあるかなという気がしています。この辺のルーツはしっかりと辿れば出てくると思いますから、後で調べてみようと思いますけれども。

◆背景に空気のような「システマティックな悪」

中島　斎藤さんがこの本の中で書かれていることで、敵の見えにくさという問題があります。苦悩の元凶がネオリベラリズムという名のシステムという漠然としたものであり、具体的な敵が見えにくかった。そして、彼ら自身がネオリベラリズムの自己責任論を身にまとっていく。自己責任論に苦しめられているのに、自己責任論を主張してしまうというパラドックスが起きてきましたが、このあたりはいかがでしょうか？

斎藤　通り魔犯罪の容疑者たちは、自分が親や社会の犠牲者なんだと主張してもいいはずですが、そういうことは口にせず、「全部俺が悪いんだ、だから殺してくれ」と言わんばかりに見えます。これはある意味、健全な被害者意識に乏しいんじゃないかと思います。自分は、このおかしな社会の犠牲者であり被害者なんだということを、もっと主張していいと思うんですけれども、一切、自己弁護はしない。これはこれで歪な態度ではないでしょうか。

昔、「アダルトチルドレン（ＡＣ）」というはやり言葉がありましたが、あれに近いところがあって、あれも原因は機能不全家族、つまり親の養育態度であるとされていました。ＡＣの最大の特徴は、自分の責任範囲がわからないということなんです。自分がどこまで責任をとるべきかわからないので、全部自分のせいにしてしまう。これはある種の逃避なんですが、結果的に彼らはいっそう辛いところに自分を追い詰めていくことになる。私は彼らに、もう少し人や社会のせいにしてもいいんじゃないか、と言いたいんですね。人のせいにするというのは、もちろん、政治家を殺せなどという意味ではなく、自己責任論の前に外的要因を考えてみよう、という提案です。現代社会は、実際に敵が見えにくい状況にあり、見えていても、今はそもそも政治的な話をするだけで周囲が引いてしまう、あるいはリベラルな主張自体が条件反射的に叩かれてしまう状況があり、政治批判そのものがしにくい状況にあることをすごく懸念しています。

多くの場合、彼ら自身が自己責任論を内面化しているので、ロジックの切り替えが難しいんですね。彼らは、もし自分と同じような被害者がいたとしても、社会よりも被害者のほうを叩いてしまうと思います。そこにはある種のフェアネスがあって、逸脱しているのが他者だろうが自分だろうが容赦しないわけです。強大な敵を見出して一致団結して叩きましょうというやり方が、本当に不可能に近い状況になっていると思います。これこそがまさに「システマティックな悪」の問題だと言わざるを得ないかなと思っています。

中島　秋葉原事件も相手は無差別だったわけです。かつ加藤も、斎藤さんがおっしゃった通りで、被害者意識がありません。自分自身が社会に追い込まれていたのに、社会のシステムの問題だといったことを全部はねのけるんですよね。非正規の問題だとかいう評論家に対して、そういうことではないとして、リジェクトしていくわけです。それが、やまゆり園の事件ぐらいからちょっとフェーズが変わり、ターゲットを明確にし始めました。この場合には「障害を持った人たち」でしたし、小田急線の事件の場合には「幸せそうな女性」となり、山上の場合には安倍元首相となりました。次第に「お前のせいなんだ」と名指すようになってきたのではないかと思うんですけど。

斎藤　その辺は難しいですね。確かにおっしゃるような傾向はあると思いますが、相模原のケースに関していえば、背景にある優生思想は無視できないという気がしています。発想としては、心失者《しんしつしゃ》、心がない人間は生きている価値がないから滅ぼすべきだといったことを、かなり理詰めに考えて――その前提自体が根本的に間違っていますが――そこからの発展はロジカルに進んでいる感じがあります。それまでの自爆テロ的なニュアンスは弱く、彼には、殺人を決行したら褒められるかもしれないという思いもあったわけで、自己否定からの犯罪とは若干違うような気がしています。ただ、彼自身が医療保護入院を経験した、いわば「精神障害者」であって、その意味では自分も社会から排除された存在であるという自覚はあったかもしれません。その自覚が背中を押した可能性を考えたくなります。

小田急線の事件に関しては、ちょっと自己否定のほうに振れているのかなという気はしますが、山上に関しては、自己否定のニュアンスは弱いですよね。そういった意味では、ある種の健全な怨念の発露とも言えなくもないところがあって、その点は確かに、かつての自爆テロ的な通り魔殺人とは違ってきていると言えるかもしれません。実際、暗殺は絶対悪ではあるにしても、そこを発端に統一教会批判がかつてない規模で展開されたわけで、彼の目論見《もくろみ》はテロの歴史の中でもおそらく最大規模の成功を収めている。山上の精神鑑定結果を見ても精神障害は否定的です。一連の「テロ」の中では、もっとも「正気」に近い所で決行されたものではないでしょうか。それだけに扱いは難しいし、この「成功」を狙った犯行の続発を懸念していますが。

中島　本当の敵に向かっていないような気もしますよね。やまゆり園の事件も、彼の問題意識と障害者の人たちへの暴力の間に、ものすごい飛躍があります。山上もまた飛躍がある。もちろん幼少期から青年期にかけて母親の問題は大変だったと思いますが、事件は家の破産から20年ぐらい経っているわけです。彼の20代以降の20年間の人生がすっ飛ばされて、全てが統一教会の問題だというふうに彼の中で物語化されて、敵を見出そうとしています。無差別殺傷事件と同じ地平にありながら、しかし、それが一歩ターゲットを見出す方向に進んでいるような何かを感じます。

斎藤　山上自身がインセルという言葉を使っているように、それに近い意識を持っていたと思いますが、やっていることは確かにターゲットを定めての暗殺ですから、通り魔事件とは若干性質が違うと言わざるを得ません。そういった意味では、ハイブリッド型になってきているというのは、おっしゃる通りだと思いますね。

◆自傷的自己愛者へのアプローチをどうするのか

雨宮　敵が見えないというお話ですが、加藤の書くものからは、「自分が被害者とか犠牲者だと絶対に思いたくない、馬鹿にするな」という反発をすごく感じます。本当の敵から、必死でずっと目を背けているような。でもそれって、今思えば２０００年代の非正規の人たちのもっともポピュラーな態度でした。

　私は、２００６年から非正規の問題を書いたり発言したりしていますが、ちょうど秋葉原事件の前後ぐらい、メディアに出て非正規の人たちがこんなに大変な状況なんだという話をすると、当事者から罵《ば》詈《り》雑言《ぞうごん》のメールが来たんですね。当時はＳＮＳが今ほど普及していませんでしたから、公式サイトから私にメッセージが届くんです。工場などで派遣で働く人からで、大抵「好きで選んでやってるんだ、俺たちをバカにするな」という内容でした。バカにしているわけではまったくないうえ、構造的に非正規の人たちが搾取されているという話をしているわけですが、当事者からはものすごい反発を受ける。そこからは、社会構造の犠牲者とか被害者とかには絶対になりたくないし自分をそう定義したくないというプライドを強く感じました。

今でこそ派遣とか非正規は大変だという認識が広まりましたが、大変だから何とかしてくれという声が大々的に上がっているかといえば、そうではない。当事者ほど自己責任論を内面化しています。

この十数年、日本社会は「病気も障害もないなら自己責任で競争に勝ち続けてください。それが無理なら野垂れ死にでよろしく」ということを、手を替え品を替えて言ってきたと思います。そうなると、公的福祉の対象となっている生活保護利用者へのバッシングが出てきたり、障害者ヘイトが出てきたりする。一時期はベビーカーヘイト、子連れヘイトのようなものも目立ちました。そうして在日とかウトロ地区とか、中島さんがおっしゃるようにターゲットがどんどん絞られているように感じます。それはまったく「敵」ではないのに。敵が名指せないことによって、間違った敵にターゲットが絞られている。

斎藤　今うかがった中で、非正規の人が非正規であることを認識しているにもかかわらず、批判されたように感じて文句を言ってくるというのは、よくわかる気がします。それは、まさに私が今回本にしたところの自傷的自己愛を持った人の特徴と言ってもいいところがあって、それは自分のことを批判してよいのは自分だけだ、みたいな意識でもあるんですよね。だから頑張りを評価されても怒るし、社会の犠牲者で可哀想、と同情されるのも腹が立つ。その辺が過敏なぐらい神経質になっているというのが特徴です。

自分のことを決めていいのは自分だけ、というあたりに彼らの自己愛が凝縮しているので、彼らとコミュニケートするのは本当に難しいなと思います。問題に気づいてもらおうとすると怒り出すし、よく頑張っているねと言っても怒ります。彼らはそう言いながらも関係を求めているので、説得や議論はせずに関係を維持していく必要がありますが、初回で説得をしてしまうと、ヤマアラシのように針を逆立ててきます。彼らにはそういった意味での被害者意識を持つこと自体が、自分には許せないということがすごくある。彼らを苦しめる自己責任論は、実は彼らの矜持《きょうじ》の最後の砦と言ってもいい。だから、そこを否定してしまうと自己愛を支えるよすががなくなってしまうのかもしれませんね。本当にアプローチの仕方を色々工夫しないと、関係を保つこと自体が難しいんですよ。

私もいつも、彼らには連帯をしてほしいと思っているんですが、一番わかりやすい例で言えば、ひきこもり当事者は連帯しないんです。なぜしないかというと、お互いに軽蔑し合っていて、「自分はそのへんのひきこもりと一緒にされたくない」という意識が強すぎるからです。だから、同じようにひきこもっているのに全然連帯できない。もし連帯できたら、ひきこもりの問題はかなり解決に向かうと思いますけれども、そういう自意識やプライドの壁があって、まとまるのは至難の業という感じですね。ほぼ同じ意味で、私がいうところの自傷的自己愛を内面化した若者同士も、非常に連帯しにくい。お互いにお互いのことを面倒くさい奴だと思っていますので、友達になりたくないという意識が強かったりするんですよね。雨宮さんがおっしゃったように、今若い人の中で少しでもメンタル的な問題を抱えた人は、大体この意識を持っていますので、それが若者における、たとえば政治運動の広がりの難しさみたいなことの背景にあるような気がしてなりません。

中島　今のお話でいろんな謎が解けてきた感じがします。自傷的自己愛の人たちというのは、自分を否定してもいいのは自分だけであり、そして自分のことは自分で決めるという強い自己責任論へと回帰していく。これがシステムと共犯関係・共存関係になり、いちばん自己責任論で苦しんでいる人たちであるがゆえに、自己責任論へとのめり込んでいくというパラドックス（逆説）がある。それがいま出来上がっているシステムなんだ、ということですよね。

斎藤　自傷的自己愛の人たちというのは、自責はしても社会の秩序には逆らわないので、今の経済システムと非常に相性がいい人々と言わざるを得ませんが、それだけ搾取されやすく被害者になりやすい立場だということもできます。ただ、そこをあまり強く指摘してしまうと、プライドの鼻をへし折ることになってしまうので、それは受け入れられないということになってしまう。頭が痛い問題ですが、対応についてはおそらく一般的な解はなく、個別の解しかないなという気がします。

中島　しかも連帯はできないと。杉田さんと話をしている時もそうだなと思ったのは、彼らは弱さを認められないというか、弱さに立つということができないということです。自分というものに固執し、崩せないプライドを持って、鎧《よろい》で身を守っているという感覚があるのですが、その辺はいかがでしょうか。

斎藤　端的に言えば助けを求めたくない、自分をさらけ出したくないというのは徹底していますね。またひきこもりの話で恐縮ですけど、ひきこもっている人々は、まず自分からは相談には来ませんし通院もしません。なぜかというと、この状況は変えていきたいけど、それは自力だけで変えられるのだという思い込みがあるからです。そう思いながら、結果的に10年経った、20年経っちゃったという人がいますが、そういう一種の頑なさはあると思います。彼ら自身の話をよく聞いていくと、弱さを認めてはいるんですよ、認めてはいるんですけれどもそれを開示したくない。何とかしたいと思っているけど、他人には助けてもらいたくない。家族や社会に迷惑をかけているという加害者意識はありますが、社会のせいでこうなっているという被害者意識は希薄です。自助努力しかないという意識が強すぎると、支援がしにくく援助が遅れてしまい、アプローチが届かないといった難しさがあります。彼らのプライドとか自己に対する配慮がない支援は受け付けてもらえないということですから、単純に社会包摂論では彼らを救うことはできないと思いますね。

雨宮　非正規の人がこの3年間コロナで困窮していて、いろんな支援団体が支援しているんですが、「助けて」と言ってくれる人には手を差し伸べることができます。しかし、ほとんどの人が「助けて」なんて絶対に言わず、窮状を隠す。そのうえ、自己責任論を内面化している人にとっては、たとえば生活保護といった選択肢はあり得ないわけです。なんとか自力で必死で頑張って30代40代までやってきた人に、どうやったら「困った時は支援に頼っていい」とアプローチできるのか、本当に頭の痛い問題です。

ただ、一緒に支援活動をしている中には、その問題に真正面から向き合っている人もいます。佐々木大志郎さんという人は、最近Tik Tok（動画アプリ）で「生活保護おじさん」としても活躍していますが、彼はみんなから「困窮者支援業界のオードリー・タン」と言われています。発明がすごいからです。

例えば彼は、Uber Eats（ウーバー・イーツ）などのフードデリバリーをしている方の中に住まいを失っている方が少なくないことを発見し、そういった人向けの支援を始めたのですが、それは「生活相談を受けます」などではなく、「無料での電動自転車貸付」や「自転車保険の費用の助成」です。そういった入り口でまずは出会い、生活支援ではなく、働くことに関する支援をする。そういう繋がりを通して、彼らが困っていそうな時に「どうされましたか？」と聞くことができる。

もうひとつ、佐々木さんは「夜のセーブポイント」という取り組みも始めました。ネットカフェなどで生活をしている人たちを対象とした荷物の預かりサービスや、医師や弁護士とのオンライン相談です。これも、シーズンオフの荷物などを預かることによって、「お困りのことはないですか」と聞くことができる。だいたい住まいがなくて無料で荷物を預かってほしいという人に、困りごとがないはずないんです。でも、自分でも何にどう困っているのか、そこから言語化できない状況になっている。

佐々木さんがそういう支援のあり方を思いついた背景には、彼自身が困窮者として支援された経験があるからだと思います。結局、支援者がどんなに「家のない人、お金のない人の相談に乗りますよ」なんて言ってもなかなか人は来ない。だけどそういう人たちのニーズを知り、プライドに配慮した支援をすれば人は来る。とても勉強になります。

斎藤　それはすごく面白いです。その方の支援策は素晴らしいと思います。

話は飛びますが、被災地で「心のケアをしますよ」と言って巡回しても、あまり応じてくれないんですよ。たくさんの他人の目があるところで、自分がメンタルを病んでいるとはなかなか言えませんから。それで心のケアチームは苦戦するわけですが、私が何をしたかというと、とにかく血圧を測りまくった。それもマンシェットという、わざと手間のかかる器具を使ってゆっくり測定するわけです。すると、そこから口がほどけてきて、「実は」と言えるようになるんです。

身体が対象だとプライドに抵触しませんから、口が割とほぐれやすいということです。真正面からあなたの心を救いますと言われても引かれてしまいますが、身体からアプローチすると心を開いてくれるということがよく起こります。もう一つ思い出したのですが、被災地で人気があったのは心のケアよりも法律相談です。生活に直結していて実際に困っている実質的な部分ですから、プライドには抵触せずに助けられるところがあるわけです。

雨宮さんの例と同じ構造ですね。「困っているでしょうから支援してあげます」では受け入れてもらえない。だけどこういう便利なサービスがあって、それを使ってみるといいですよというアプローチをすると心を開いてくれる。本当はそういう配慮が重要で、「斜めの支援」といいますか、ちょっと角度を変えた支援法をやると、彼らも受け入れやすいのかなと考えています。

ひきこもりもそうで、ひきこもりのたまり場に行きましょうとか言ってもなかなか来てくれませんが、ランニングチームやフットサルチームを作りましたからか来ませんかと言うと来てくれたりするんですよね。支援をする時に、どこまで支援看板を出していくのか、全くないとこれはこれで別の人が大勢来てしまうかもしれないので難しいんですが。今の方のアイデアというのがまさにそれで、直接的な看板こそ出しませんが、支援対象の人たちにターゲットを絞って支援できるという、素晴らしい工夫だなと感心しました。

雨宮　そうですね。みんな「人に頼る」なんて発想すらなく、自分が福祉の対象になるとも思っていないので、まずは今の働き方、暮らし方に役立つ支援をすることは、彼らの生き方を肯定することにもなるんだと思います。そう考えると、これまでの困窮者支援は「あなたの生き方、暮らし方はおかしいし間違っているから生活保護を受けましょう」と受け取られてしまうような、かなり失礼なやり方もあったと思います。

◆親との和解の複雑なプロセス

中島　加藤が一回だけ精神科の医者にかかったことがあるんですね。それは青森に戻った時で、自殺をしようとするんですが、うまくいかなかった。結果、実家に帰ることになったんですが、その時に玄関先でお母さんに抱きすくめられ、ごめんなさいと言われます。弟もひきこもりになっていたこともあり、自分の教育がおかしかったと謝られる。一旦和解らしきものが成立した時に、彼は精神科のお医者さんに行きたいと言って行くんですよね。加藤のこのプロセスを、斎藤さんはどのように見られますか。

斎藤　中島さんのお話の流れをお聞きしますと、彼はすごく迷っている感じがしますね。追い詰められて死にたいんだけど、本当は何とか生き延びたい、みたいな迷いが見え隠れしています。

友達のレスを見ようとして事故ってしまうのも、まだまだ気持ちが定まっていないということだろうと思うんですよね。

で、帰ったらお母さんに抱きすくめられた、これがなかなか複雑でして、そんなことで和解できるわけはないだろうと思わざるを得ない。謝り方としても、「全部私が悪いんだ」という、非常に雑な謝罪だと思います。私の患者さんでも、親に心的な虐待を受け続けてきてやっと謝ってくれて、それで許すかと思ったら、逆に激しい怒りが湧いてくるということはよくあるケースです。そこで加藤が安心したのかどうか疑問ではありますが、謝罪を受けることで突っ張ってきた気持ちの張りがほどけるということはあったかもしれませんね。一人で生きていくしかないと思い詰めていたわけですが、誰かに頼ってみるのもいいかもしれないとか、親を許してはいないけれども、自分を許すためのプロセスが始められるかもしれない、そういう期待があったかもしれません。何を期待したかはっきりとはわかりませんが、その一環として精神科を選んだ可能性もあるかなと思いました。

中島 確かにおっしゃる通りで、この後、親は離婚してしまい、加藤も家を出てアパートに住むことになります。そして事件を起こすに至るわけですが、その後も母親のことをずっと悪く言い続けているんです。一回和解したじゃないかと僕なんかは思ってしまうんですが、あいつのせいだとずっと言い続けている。それはそういうことなのかなと今思いました。

斎藤　親との和解って、虐待されてきた年月の長さに関わりますよね。それをたった一言では消せませんよ。ひきこもりの人々の振る舞いを見ていると、半分ぐらいは親への復讐ではないかとすら思えます。親を悩ませることで、自分と同じような苦痛を引き受けてもらおうという努力に見えるんですね。それを考えると、加藤の怨念や怒りは、謝罪で収まるどころか、むしろ再燃したかもしれないという気はします。それだけで済ませた気になっている親が許せないという気持ちになるのは当然ですし、悪く言うのは当たり前だという気がしますね。ですから、犯行に至る経緯にもそういった復讐動機がなかったとは言えないと思います。自分と同じぐらいダメージを与えてやりたい、という怒りが燃え上がった可能性もゼロではないと。

中島　それと絡まっているのは、自分のことは自分が一番わかっているというのも、加藤にずっとある感覚だと思うんですね。だから、あんなに何冊も本を書いたりして、自分の行為を意味づけしようとする人を徹底的に論破しようとします。私もその対象に入っていたんだと思いますが……。しかし、核心に触れるようなことは述べられておらず、重要なところは避けて通っている印象があります。ここにも、自分のことは自分がわかっている、被害者にされたくない、という彼自身の自己責任論的な感覚が見え隠れしていますね。

斎藤　わかられたくないという思いは、ひきこもっている人々にも共通してみられる傾向ですね。共感されても嬉しくない、むしろ迷惑だといった感じですが、「俺みたいな人間に共感してどうするんだ」みたいなねじれた気持ちや、一方で、「共感に甘える自分を許せない」みたいな気持ちもあったりします。その辺の壁をほぐすのは難しいんですが、ただ経過を見ていくと、言っていることは変わらないけれども、だんだん行動が変わってくるということはあります。口ではこんな病院に来て話すのはムダだと言いながらも、きちんきちんと通ってくるとかですね。そういう矛盾には気づかないふりをして付き合っていくと、だんだん気持ちがほぐれていくということはあるように思うんです。ただ加藤に関して言えば、あまりにも解釈され過ぎてしまったというか、解釈の道具になってしまったという思いもあったのではないでしょうか。ある意味、買いかぶられすぎたので、それを買い戻そうという気持ちもあったのかなという気がちょっとしましたね。

中島　今の斎藤さんがおっしゃったことで、なるほどと思ったのは、彼は亡くなる前まで、ずっと死刑囚の表現展に作品を出していますが、それを主催している人たちに対しては、ネガティブな言葉をぶつけるのですよ。死刑囚なんてろくなもんじゃない、死刑囚の人権とか言っているけれども、実態を知らないのではないかと。そうやって、自分に関わろうとか共感しようとする人にはネガティブに当たるんですが、作品は大量に送り続ける。それも、今おっしゃったことと共通するかなと。

斎藤　だから本当は連帯したい気持ちもあるわけですよ。だけど、意識の上ではそれを認めたくない。あるいはその死刑囚の仲間と思われたくないというプライドもある。その辺の矛盾といいますか、ジレンマがすごく感じられるエピソードですね。さっき私が申し上げたような、治療に文句を言いながらも通い続ける人みたいな感じで、ある意味わかりやすい行動と言えるかもしれませんね。

◆自虐キャラと自分の本音、本心

雨宮　加藤は、非正規雇用者としては被害者になりたくないというスタンスでしたが、親の虐待の被害者だという点は認識していますよね。私自身の周りの人たちの話でいうと、例えば90年代後半に「アダルトチルドレン」という言葉が流行った時に、周りの虐待被害者たちはこの言葉にすごく救われていました。そしてそんな人たちがネット上の自殺系、自傷系サイトにアクセスするようになり、２０００年頃からさかんにオフ会が開かれるようになりました。そこで生まれて初めて自分と同じ虐待被害者に出会い、生まれて初めて親の悪口を言い合う、みたいな。

アダルトチルドレンという言葉が出てくる前は、どんなに「ひどい親だ」と人に話しても「それは躾《しつけ》だよ」とか、「親のことをそんな悪く言うな」みたいに言われていたのが、その言葉を介して出会える同じ虐待被害者たちとは、心の底からわかり合える。自殺系・自傷系サイトのオフ会には、カルト二世も必ず一定数、いました。そして親をものすごく恨んでいた。親という共通の敵があるからこそ、みんなの連帯感には相当なものがありました。

加藤智大もあんな過疎な掲示板じゃなくて、虐待の被害者の掲示板や親から虐待を受けた人のコミュニティに行くことができたら、そこに共感できる人がいて話もでき、全然違ったんじゃないかなと思うんですけど……。そのスタンスをネット上ではとりたくなかったのかなというのが謎です。のちに自殺系サイトからはネット心中なども出てくるので、もちろんすべてがバラ色というわけではありませんが。

斎藤　彼の掲示板での存在というのは、彼らが作った「自虐キャラ」としての日記ですよね。自虐キャラを受け入れてしまった以上は、その自虐の原因を親のせいにするキャラにはなりたくなかったかもしれません。彼らにとって「キャラは命」ですから、キャラの同一性が保てなくなったら、大変なピンチなんですよ。雨宮さんが言うような掲示板の存在を知って、そこでキャラを使い分けることはやっても良かったかもしれません。彼は、途中でキャラを変えたり使い分けたりして実験していますので、アダルトチルドレンのキャラでいくと承認されるよということがわかれば、あるいはのめり込んだかもしれないという気はします。ただ、全般的にネットの渡り歩き方はいささか不器用な感じはしますね。当時はパソコンなどなく、携帯でやっているわけですから、自由度は結構低かったのかなという気がしますね。

中島　キャラの問題なんですが、裁判の中で彼は、現実は建前、ネットは本音と言い、しかし、その本音と本心は違うとも言うんですよね。本音の部分が彼にとってはキャラの部分に当たっていて、そのキャラに対する承認があった相手とはオフ会をして会いに行こうとまでしています。正規の仕事を辞めてまで、九州とか兵庫とか群馬まで行ったりしています。そこに行くと本心で通じ合えるんだという思いがあったようなんですけども、建前、本音、本心をどういうふうに斎藤さんはご覧になられますか。

斎藤　建前、本音、本心の使い分けは非常に面白い区分ですね。ただ、今は結構、そういった意識を持っている人も多いのかなという気がして聞いていました。おそらく建前というのは、彼が現実社会に向けて作った仮面のことだと思いますが、仮面とキャラは違うんですよね。キャラというのは、承認されるために作ったものだけれど、自分の本質とは少し距離があるというのが特徴ですね。キャラというのはどんな場合でも自分そのものではありませんから、自分に似たところはあるけれども、ちょっと自分自身から距離がある。キャラが本音だが本心ではないというのは、この距離のことではないでしょうか。たとえば掲示板で自己卑下を繰り返すのは、本音かも知れないけれど本心でもない。そういうキャラを作って承認され、人気を集めると、それを受け入れてくれた人に会いに行き、そこでキャラを外して自分の姿を見せられるということで、3層構造みたいなイメージを思い浮かべながら聞いていました。もちろん3層では済まなくて、4層、5層かもしれませんが。その意識は結構、今の若い人にポピュラーかもしれません。つまりキャラというのはハンドル名で、ニックネームのようなものです。ハンドル名的な同一性で受け入れてもらってからオフ会で会って、実はこういう人なんですよと一段階深い自己開示をする、という形で相互理解を深めていくのでしょうか。私にはそう聞こえたという感じですかね。

中島　僕も大学で教えていて、卒業間際の学生などが来るんですよ。突然、涙ながらに話し始めるのは、僕は1年生の時のキャラ設定を間違えました。そのまま4年生まで来て、このまま大学を出るのかと思ったら辛くて、それはどうしても嫌なんで違う研究室に切り替えて、自分もリセットしたいというんですよね。

斎藤　キャラチェンジですね。キャラというのは、基本的にカースト内での位置付けなんですよね。だから、中高ではキャラ設定が一番大事なんですけども、最近は大学でもカーストっぽいものが出てきていますので、その方は変なキャラ設定をしてしまったおかげで、下層か中層の下のほうにいっちゃったのかもしれませんね。それのため、不本意な学生生活だったという反省があるのかもしれないという気がしますけど。

キャラのいいところは複数持てるというところで、場面によってキャラ変ができますので、大学院に進学して、そこで目いっぱいキャラを変えてポジションを作るってことは普通の発想として全然ありだと思いますね。学年が変わったり、転校したりした時がキャラチェンジのチャンスですから。もっとも、迂闊《うかつ》にも過去の自分を知っている人がいるところでそれをやってしまうと、いじられたりいじめられたりしますから、自分を知る人がいない空間でチェンジをして適応していくというサバイバル戦略が必要だと思うんですね、今は。

中島　僕は理系の大学で教えているのですが、僕のところに相談に来るということは文系に変わっちゃうぐらいのことを考えているんですよね。そんな相当大きな進路の転換の話より、このキャラの問題のほうが上回っていたりする。

斎藤　キャラの問題は、加藤の問題の本質の一つだと思いますので、大事なことだと思います。

◆ネットの変化と対面の重要性

雨宮　ちょっと話が変わるんですけど、２００８年の加藤の時代のネットの掲示板って、ものすごく牧歌的だなと今になれば思うわけです。先程来、現代的な話としてネットの問題が語られましたが、この14年間でのネットの状況は全く変わったじゃないですか。そこの変化を斎藤さんにお聞きしたいなと思います。

斎藤　例えば、加藤がもしTwitterをやっていたらどうなったか、ちょっと考えてみたんです。彼は携帯でクローズド（閉鎖的な）の掲示板を作って、そこで人を集めようとしていたわけですけど、同じことはTwitterではもっと簡単にできます。鍵垢《かぎあか》（非公開アカウント）を作ってフォロワーだけにツイートを公開すればいい。彼は掲示板をなりすましによって荒らされたわけですが、Twitterだったら単にブロックすればいいわけですから、荒らされる可能性も低かったと思います。そういった意味では、現代のSNSのほうが、加藤が考えるユートピア的な承認の居場所を作れたかもしれません。ただ、加藤がフェイスブックとかインスタをやっている姿は想像しにくいので、やっぱりTwitterかなという気はします。

中島　山上はTwitterをやっています。ただ捕まった後に見出されるように、虚空《こくう》に向かってつぶやいているというか、フォロワーがほとんどいない状態で彼は書いているんですが、その辺の山上の感覚はどういう欲求なんでしょうか。

斎藤　一番の違いは、加藤は常に承認欲求のために掲示板をやっていたわけで、承認されることが死活問題だったことは事実だと思うんですよね。山上に関していうと、承認はあまり関係なくて、むしろ自分の逆のアリバイといいますか、後で辿って事実関係がわかるような一種の記録として残しておくというニュアンスが強いという意味では、結構周到に考えてやっていた気もします。あるいは自分のツイートが犯行後に分析されたり解釈されたりする可能性も見込んだうえで、統一教会への怒りや恨みを書き綴っていた可能性もあると思います。加藤も犯行の直前の30分間はずっと投稿し続けていましたから、何か経緯を記録しておきたいという欲望があったのかもしれません。あともう一点、加藤の犯行直前の書き込みのように、自分を行為へと向けて動機付ける、勢いづけるという意味もあったかもしれません。なので山上に関していうと、アーカイブ（記録保存）として自分の行動を辿れるようにしたということと、犯行への動機づけ固めという意味が大きかった気がします。

雨宮　山上の残したツイートを見ていると、いろんなことをすごく語りたかったんじゃないかと思います。彼に社会問題などを語り合う場がたくさんあったら、また違うシナリオになっていたのかなと思うことがあります。

あれを見ていて思い出したのが、90年代後半から2000代前半のロフトプラスワンです。トーク居酒屋で、毎日「店長」が変わり、右翼や左翼やオウム元信者や元赤軍派とかそんな人ばかり出ていて、フリーターだった私はよく行っていました。ある意味、あの場があったから生き延びたと言ってもいいくらいです。話題はいつも過激なことで、政治的な言葉が飛び交っていて、時に客同士が怒鳴り合いになったりするんですが、それもエンタメとしてみんなが楽しむ感じでした。そんな場所に通っていると、話がかみ合わないながらも何となく顔見知りができたりして、それまで半径5メートルで生きていた自分の世界が急激に広がる感じがしました。だって、昨日「世界同時革命」と言ってるおじさんの話を聞いたかと思ったら、次の日はオウム元信者の話を聞いたり、サブカル文化人たちを間近に見て話を聞いたりして、もうオフレコ話ばっかりで、その場にいること自体が「共犯」という感じだったんですね。壇上にいるゲスト全員の懲役を合わせると100年を超えるとか、パリ人肉事件の佐川一政《いっせい》氏をはじめとする殺人犯が出ていたりとか、とにかくそういう場でした。

ところがいまは、配信しなかったとしても、誰がいつ何を言ったか、SNSなんかですぐに広まってしまう。そのうえ、録画や録音されたりするから、オフレコ話ができない。ロフトプラスワンでは「生きづらい系」の人たちのイベントもよくやっていて、そこでは「自分には通り魔願望がある」「人を殺したい衝動に悩んでいる」なんてトークもよくありましたが、今だったらとてもできないでしょう。安心して、自らの醜い部分を晒す場が、ネットの普及によって急激になくなったと思います。

山上のTwitterを見ていて、改めて、生きづらさを抱えた現代の人たちは、どうやって安全にヤバ目の話ができるんだろう、と思いました。

斎藤 逆に聞きたいんですけど、確かにロフトプラスワンには私も結構呼ばれて話す機会があったんで、雰囲気はよくわかるんですけど、あれに近いものとして、例えばユーチューバーのかなり危ない放送とか、ニコ生（ニコニコ生放送）といったあたりでサバイバルしているのかなと思ったんですが、質的に違いますか？

雨宮 それだと、自分は完全に受け手側ですよね。もしくは自分が発信側になるか。でもそれはハードルが高い。ロフトプラスワンだと、その空間にいると結構自由に話すことが許され、そこでなんとなく認知されたりしたんですよね。

斎藤 双方向性がありつつも、言いたいことを言うという空間は確かに減ったかもしれないですね。やりとりがクローズドな空間に限られていて衆目に晒されにくいという場所もかなり減りました。今は、承認もカウントされて可視化されてしまいますからね。空気感は随分違うなという気はしますね。

中島　確かに。あの加藤が事件を起こす2日前に、4時間ぐらいかけて福井にダガーナイフを買いに行ってるんですね。前にもお話ししましたが、このシーンは、僕はすごく重要だと思っています。とにかく彼は誰かと話がしたかった。そこで、親切な店員さんがいるという噂の店に、わざわざ新幹線に乗って行った。そして、帰りの電車の中で「人間と話すのっていいね」と書き込んでいるんですよ。彼は掲示板の中にコミュニティーがあったわけですが、自分の何かを理解してくれる相手との対面的な対話、コミュニケーションを強く求めていて、それが満たされない社会が彼の前に立ちはだかっていたのかなって思います。

斎藤　おっしゃる通りで、生身の人間との対話は基本的にタダなんですが、逆に、いくらお金を払っても受け入れてもらえない場合もあるわけです。加藤の立場だと、望んでもなかなか得られない貴重な機会なので、たまたまそこにそういう人がいると聞けば、時間をかけてでも行ってしまうというのは、非常によくわかる気がします。人の優しさに飢えていたのでしょうね。京都アニメ放火殺人事件の青葉真司容疑者が、火傷の手当てをしてもらった時に、「こんなに優しくしてもらったのは初めてだ」と言ったと聞きましたが、人との触れ合いに欠けているということは、共通した要素かなと思いますね。

でも、そういう経験を万人が共有できるかというと、それは不可能に近いんですよ。偶然の出会いに委ねられているわけで、誰もが手に入る状況だと希少性が減ってしまい、そのぶん価値が下がります。自分がこういう行動をした結果たまたまこういう良い結果が出た、というところに価値があるんで、その機会は万人にシステマティックに提供できるものじゃないというのが難しいところかなと思いますね。

◆ケアに動員される女性

雨宮　２章でも触れましたが、加藤が捕まった後、取り調べでこんなに話を聞いてもらったことはないと言って泣いたという話を、事件直後に聞いたことがあります。
さっきの支援の話で思い出したんですが、３・11震災の後に私の友人が被災地によく行っていたんです。仮設住宅に入っている中高年男性が、家族や仕事を失ったことで自暴自棄になってお酒をたくさん飲むようになり、体をこわしたり孤独死したりといった話が問題になっていた頃です。心の問題をケアしますと言っても当然誰も来ないので、「とりあえずお茶を飲もう」と呼びかけるそうですが、それではおじさんたちはプライドがあるのかなかなか来ない。そこで、おじさん個別の得意分野を探して、たとえば家具とかを作っていた職人さんには、「仮設住宅にみんなが集まれる場所がないからベンチを作ってくれませんか」とお願いをする。そうしたら、その人は喜んで作ってくれて、そこの集まりにもよく顔を出すようになったということでした。

それはそれでいい支援だと思いますが、あれほどの非常時だからできたことだとも思います。だって、日常的に相手の得意分野を探して、その人にさりげなくお願いする、頼るといったきめ細やかな支援はなかなかできることではありません。それに結局、そのケアをただで引き受けるのは、地域に住む女性なわけです。絶対に、女性がその役回りをやらされる。時給も出ないのにキャバクラ以上に「相手をおだてて気持ちよくさせる」サービスを女性が日常的に無償で強いられるわけで、そのことにもモヤモヤします。

加藤は本音を話せる女性に飢えて、数万円の新幹線代を払ってまで福井に行ったわけですが、そういうただ喋るといったコミュニケーションって、どうやったらどこにもしわ寄せが来ずにできるんだろうというのは、インセルの話とも繋がると思うんですけど。

斎藤　そこが難しいわけです。ただ、インセルにせよひきこもりにせよ、異性に対する興味や欲望はみんな持っているので、それを活用するという方法があります。ある支援団体がやっている「レンタルお姉さん」というのもその一つに含まれると思いますが、ねらいがわかるぶんだけ自分で支援をお願いしようとはなかなか思えません。ひきこもりの人に対しては、家族からこまごました家事を頼んでみましょう、そこから対話に繋げましょう、などとやっていますが、これも当たり外れはあります。じゃあ社会的にできることやってみませんかと投げかけても、彼らは自分を社会参加させようとする思惑に敏感ですから、「何か変なことを考えてやがるんじゃないか」と疑心暗鬼になって受け付けないんですよね。相手のプライドを傷つけない支援が果たしてあるのか本当に難しいんですが、先ほど雨宮さんが挙げられたウーバー配達者への支援みたいに、一見支援とは無関係の実用性に着目してお願いしてみる、そこから繋がっていけるかもしれないというのは、一つのヒントになるかなと思いました。

その話とは直接関係はありませんが、私がいわゆる「ベーシックインカム」という、政府が国民に対して決められた額を支給するという制度に対していまいち乗り切れないのは、人との接点が減ってしまうんじゃないかという懸念があるからです。今は生活保護でも、毎月ケースワーカーが訪ねてきて話をしたり、診断書の提出など手続きがたくさんありますが、一回お金を渡して後は知りませんとは言わないまでも、行政のコストを減らすための制度でしょうから、福祉関係者との接点がかなり減るだろうと思います。そこをカバーできる何かがあれば、ベーシックインカムは諸手を挙げて賛成したいところですが、なかなか難しいかなと。

逆に私は、住まいを失った人々にとりあえず住居をあげましょうという「ハウジングファースト」には賛成で、まずは居場所を作り、そこからいろんな関わりを通じて自発性を育んでいこうという発想自体はいいと思うんですよね。逆にいうと、ハウジングファーストも直接的な支援という看板をすっ飛ばす方法なんです。つまり通常の支援では、生活訓練をしてあるレベルに達したら、初めて一人暮らしをしていいですよと許可が出るという手続きが必要なわけです。けれども、そういうものに耐えられない人はいっぱいいるわけで、そういう人には従来の支援スタイルでは手が届きません。いきなり家を与えるというハウジングファーストが成果を上げているのは、被支援者のプライドに抵触しないため受け入れやすいのかもしれません。ただ、ひきこもっている人は家を持っていますから、同じような発想ではできません。そういうことから何らかのヒントをもらえないか、考えているところです。

中島　札幌にいた時に、商店街がシャッター通りになっているので、そこにカフェを作る作業を学生とやったんですね。そうすると、ひきこもりのような人が接点を求めてきたりするんです。そうした人のパターンは、来てもカウンターか、一番遠いところに座って、何も言わずに帰るんです。何回か来るんですが、3、4回目ぐらいに、「何曜日が休みですか」とかどうでもいいことを聞いてくるんですよ。それがシグナルなんですね。

とにかくメンバーと共有していたのは、相手から声をかけてくるまで、無理に会話を迫らないようにしましょうということでした。そして、「何時に閉まるんですか」と聞かれたら、「5時に閉まるけども、それでは早すぎて来にくいですか？」と疑問文で返すことにしていました。すると、そこから会話が繋がって、次はカウンターの席に来て座るんですよね。何か面倒くさいけど、支援ってこういうことなんだなと思ったりしたんですけど。

斎藤　そういう「間合い」はすごく重要ですよ。私もそういうところがありますが、お馴染み感を出されると引いちゃうんですよね。この店員に顔を覚えられたと思うと二度と行かないという気分になる人がすごく多いので、「あなたを認識している」という態度を示さないことが最初のポイントですよね。向こうから来たところで出るというスタンスがベストだと思いますし、それはとても良い工夫じゃないかなと思いますね。

中島　カフェを作った時にもう一つ大切にしたことは、入りやすい店にしようということでした。いくつか先駆的なコミュニティカフェを見に行ったのですが、結構、手作り感を出そうとしているところが多かったんです。色紙で輪っかを作って飾り付けたりするんですが、あれはやめましょう、絶対に入りにくくなると主張しました。やっている人たちにとっては身内感があって、アットホームな感じなのだと思いますが、初めて入る人にとっては「アウェー感」がありますよね。常連の人たちのコミュニティができあがっているように見えてしまう。そうすると、かなり入りにくいですよね。

名前も「ふれあいカフェ」というのが非常に多いんですが、それもやめましょうと。「俺は触れ合いを求めているさみしい人間だと思われるんじゃないか」と思っちゃうから。あと、お金を取ることにこだわったんですよ。「俺はここにコーヒー飲みに来ているんだ」という顔ができることが重要です。特に男性の高齢者。話し相手を求めているのですが、自分が寂しい人間だと思われるのはイヤ。だから、「ここにはコーヒー飲んで新聞読みに来てるんだ」という顔をして来られる場を作ることが重要だと思いました。

斎藤　高齢者で思い出しましたけど、ひきこもり的な人と高齢者は割と相性がよくて、共同作業ができちゃうんですよ。秋田県の藤里町では、高齢者の支援にひきこもりの人も加わってもらおうと、シルバー人材センターにひきこもりの人を送り込んで一緒に作業させるという試みをやって、結構成功しているんです。高齢者のいいところは、叱られてもあまり傷つかないし、プライドにさわらないところで、ひきこもりだけ集めると、「俺はこいつらとは違う」と言いたくなるらしいんですけどが、高齢者のケアみたいな立場だと、気楽に参加できるみたいです。そういう組み合わせをこれからは考えたほうがいいのかなと。もうひきこもりも全年齢に満遍《まんべん》なくいることがわかりましたから、その辺は若者と高齢者を分けずに支援できればいいなと思っています。

◆友達がいてなお孤独だった加藤

雨宮　でも加藤も山上も、今まで話してきたたような支援の対象になるような人でもありませんよね。それなりにコミュニケーション能力もあり、働いてもいて、それでも二人は事件を起こしたわけです。山上の場合は宗教の問題が絡んでるわけですが、加藤を見ていると、幸せとは言えなくてもそこそこ生きられたのではないかとも思うんです。

ただ、前の章でも話しましたが、今40代の加藤ぐらいの年齢の人の中には、コロナ禍で製造業派遣の仕事も失い、ホームレスになっている人たちも多くいます。そう思うと、加藤は事件を起こさなかったら、14年後にホームレスになっていたかもしれない。14年後の今、正規雇用になれる道があるかといえば、普通に考えて厳しいでしょう。この14年間に日本が貧しくなったことが、事件の起きた2008年と今との大きな違いだと思うんですね。どうやったら加藤のような人がそこそこ生きられたのかなというのが、多分この本のテーマの一つでもあると思うんですけれども。

中島　加藤のことをずっと調べていて僕がびっくりしたのは、案外友達がいるっていうことです。田舎の青森にもメールで繋がっている友達が数人いたり、派遣先にも一緒に伊豆にドライブしたりする友達がいました。にもかかわらず、彼は孤独だったというのが、関心のあるところだったんですね。友達がいないから孤独じゃなくて、友達がいるのに孤独だったという問題で、そのことを若い世代に話すと「わかる」とみんな言うんですよね。斎藤さんはその辺どういうふうに見られますか。

斎藤　昔と違って、親友の定義が変わったらしいんですよね。私の世代の親友というのは、腹を割って何でも喋れる相手だったわけですが、今はあんまり重い話は聞かせられない相手、ということになっているらしいんです。大事な友達だから辛い思いはさせたくないと配慮し、自分の辛い部分や暗い話はできない、親密なんだけども本心は言えないといった特殊な関係になってしまう。

先ほどの例で言えば「本音は言えるが本心は言えない」関係。親密さというのは、お互いのキャラをいじったりしていれば親密さは確認できるので、それ以上の本心を交換する場所がないんです。そうなってくると、あとは匿名掲示板といった、誰かわからない相手に本心を訴えるしかなくなってしまいやすい、ということはあると思います。だから、さっき雨宮さんがおっしゃったように、加藤が取り調べでこんなに話を聞いてもらったのは初めてだと言ったのは、まさにその通りだと思うんですよね。つまり、それまで誰も加藤の深い話を聞く人はいなかったということで、それが、中島さんがおっしゃった「友達はいるけど孤独だ」というのはこのことなんじゃないかという気がしています。友達がいるからこそ孤独なこともあるでしょうし、その意味では癒されない孤立状況にあったと言っていいと思うんですよ。

そのタイプの人には、友達をあてがっても解決にはなりませんから、孤立の解消は難しい。だからといって強引に自己開示させるわけにもいきませんし。変な話ですけど、犯罪を犯して服役して救われた人は意外といるんですよ。20年間ひきこもっていて、危篤のお父さんを見かねて殺しちゃった事件なんですが、それで服役したら対人恐怖が治ってしまった人がいます。刑務所は大部屋で、無理やりでも社交せざるを得ませんから、人に慣れちゃったんですね。そういうことでもなければ変わらないというのはあまりにも残念すぎますが、なぜそこで変わるかという必然性があるわけです。これが治療だったら多分断られちゃうんですよね。同じ理屈で入院したらそうなるかもしれませんが、そんな理由で強制入院はできませんから。方法はわかってるけれど使えない、という、ちょっと残念な話ではあるんですけれども。人間の繋がりをどう回復するかと考えた場合、濃密な人間関係は犯罪を通じてしか獲得できないという皮肉な状況があるわけです。

中島　さっき雨宮さんがおっしゃった、加藤がすごく話した相手というのは女性の弁護士さんのようなんです。それで加藤の友達に聞いたら、「絶対タイプだよ、あの人が」とか言っていました。つまり、ここも雨宮さんがおっしゃったように、どれだけ女性がコストを払わないといけないんだよという問題があります。彼らの心を開くためには女性がその役割を担わないといけないという構造があって、僕のような男性研究者など全然会ってくれないという絶望的な状況でしたね。

斎藤　異性の力は現場では無視できないものがあって、治療の場面でも男性に対する女性の賦活《ふかつ》（活力をあたえること）する力は、支援や治療では太刀打ちできないものがあります。ただ、そういう力は制度化もシステム化もできませんから、たまたまの幸運を期待するということでしょうか。そうしてみれば、加藤は不幸中の幸いという面もあったかもしれないという気がしますね。

雨宮　犯罪を犯したり支援の対象になった場合、何らかの方法で「女があてがわれる」のってすごく、気持ち悪さを感じてしまいます。

斎藤　はい、おっしゃる通りです。現場においては「有効」な場面は多々あるけれども、そのために女性がケア役を担わされることは許されません。そういう意味での「人の道具化」を期待すべきではありませんね。

中島　正直言うと、加藤にはイラっとする部分がいっぱいありました。もうちょっと自分と向き合えよ、と。社会が彼に強いてきた問題と、彼自身の問題が複雑に入り組んでいる。相互が絡み合っている。

今日は、いろんなことが霧が晴れるようにわかったところがあります。

雨宮 そうですね。加藤があのまま独身高齢男性になったら、ボランティアの女性たちに「ベンチを作って」とおだてられてむちゃくちゃ喜ぶアルコール依存のおじいちゃんみたいになって、社会的に女性がいっぱいコストを払わなくちゃいけなくなっていた可能性もないではない。でも、それって日本の普通の中高年男性のスタンダードじゃないですか。女性が来て、自分のことをおだてて頼られて何かしてあげて感謝されるみたいなコミュニケーションしか多くの人は求めてない気もします。それが自然な形でうまく回っている場だったらなんの問題もないのでしょうが、なんだか女性から無償のケアが与えられて当然みたいな空気には、違和感を持ちます。

中島 加藤にはその傾向はすごく強いと思います。

雨宮 掲示板で出会って直接会いに行く女性に関しても、相手も会っていいと言ったからでしょうけど、幻想を抱きすぎで、そんなものを押し付けられたら怖いですよね、相手にしてみたら。

中島 そうした女性は二人いて、兵庫の女性に告白しに行くんですけどふられて、帰りに群馬の女性のところに行って甘えちゃうんですね。

斎藤　初めて会って、受け入れられるという自信があったんでしょうかね。

中島　いわゆるキャラというものを認めてくれて面白いと言ってくれている相手なので、そこから一歩踏み込んで本音の関係になりたい、ということなんでしょう。

斎藤　段差がないところが不思議な気がするんですよ。キャラとしては受け入れてもらったけど、生身が行ったら最初はさすがに引いちゃうんじゃないかとか思わなかったんでしょうか。自己否定的なキャラ作りをしてましたから、最低の自分を見せておけば、会えば少しはましに思ってくれるかもしれないという期待感はあったんでしょうかね。でも結局、その二人からも拒否されてしまうわけでしょ。雨宮さんがおっしゃるように、すごく甘えている感じですね。

雨宮　初めて、加藤に対して「甘えてるんじゃない」って思いました。福井にナイフを買いに行ったあとに風俗店に行ったことも含め、なんだか女性全般に対して、すごく自分に都合のいい像を作って利用している気がする。

斎藤　最後に私のほうからいいですか。最近何を話してもそこに行っちゃうんで顰蹙《ひんしゅく》をかいそうですが、今、「オープンダイアローグ」という開かれた対話療法をやっていまして、もし加藤が目の前にいたら、ぜひやってみたかったなと思うところがあるんですよ。加藤はたぶん、一対一で私が会っても話してくれないと思いますが、チームで聞くと結構みんな話し始めるんですね。女性もいるというのもあるかもしれませんが、一対一のサービスではないんで女性の負担は軽いんですよ。女性の女性性をあまり犠牲にせずに話が聞けるというメリットもあるので、当時もし会えたらこの方法論をやってみたかったんです。これは事件を起こした後でないとできなかったでしょうから、起こす前に救済できたかは難しいんですけどね。このやり方はねじれた自意識をもった人でも結構喋ってくれますんで、今後の希望として示しておきたいと思いました。

中島　僕のほうからも最後にお聞きしたいんですが、面白いと思ったのは、石原慎太郎と斎藤さんの関係なんです。彼が脳梗塞になって、鏡を見ながら「お前はもうダメだな」みたいなことを言っている時に、斎藤さんと対談して、「怖い」と彼は何回も言ってますよね。あの最後の石原慎太郎って何だったんだろうと、今でも考えるんですけれども。

斎藤　ある種の強迫観念だと思います。自意識が途切れたらおしまいと思い込んでいて、これが死の恐怖に繋がっているんですよ。だから『法華経を生きる』とか書いているわりには、死んだら全てがなくなると思い込んでいて、絶対にボケたくない、死にたくないと最後まで思っていいたようです。実際に、予言通りに、亡くなる直前まで意識がちゃんと保たれていましたから、そこは大したものだと思います。まあ発言は差別的でどうしようもないところが多い人ではあるんですが、ただ言われるほど傲慢なキャラではなくて、わりと自分の話を避けるような含羞《がんしゅう》の人という側面はあったというところは弁護しておきたいかなと。

ただ、没後に幻冬舎から出版された『「私」という男の生涯』（幻冬舎単行本）は本当に晩節を汚すような本でしたね。女遍歴が赤裸々に書いてあるんですが、この内容がとにかく残念で。あれはさすがに、お子さんたちも読んでいて辛かったんじゃないでしょうか。詳しくは申しませんけれど、メンヘラのファンとつきあってもマッチョな武勇伝にはなりませんよと苦言を呈したかったです。あれは出すべきではなかった。

中島　今日の話に繋がるなと思って質問しましたが、自己愛の強さと自己責任ですね。

斎藤　彼は通り魔に強い関心を向けていましたね。私に電話をかけてきて、「あれは何を考えてんだろう」とよく質問されました、自分とは異質な存在として興味があったということはありますが、彼は傲慢さとは別の意味で健康な自己愛を持っていたと思います。自分を他者として眺められる。だからさしたる屈折もなしに、あれだけ作品を量産できたのかな、と思います。

第4章

「憎しみ」から「赦し」の共同体へ－死刑制度を問う

〈平野啓一郎／中島岳志／雨宮処凛〉

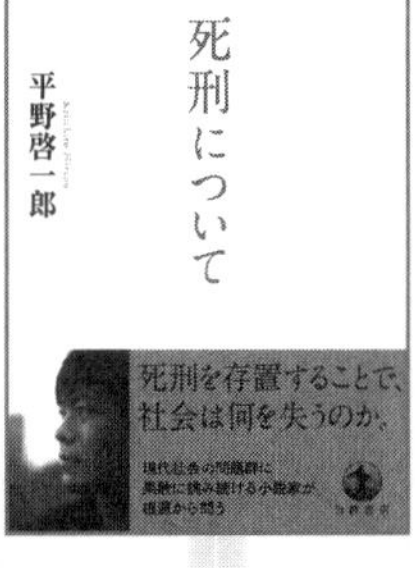

『死刑について』（平野啓一郎、岩波書店）

第4回鼎談（2023.2.4）

平野敬一郎
中島岳志
雨宮処凛

◆死刑制度は社会から何を失わせているのか

雨宮　去年（2022年）7月の加藤智大の死刑執行を受けてこの本の企画が立ち上がりましたが、まずこの死刑執行をどう受け止めたのか、というところからお聞きしてもいいでしょうか。これを入り口に、そもそも2008年に起きた秋葉原事件とはなんであったのか、中島さんがおっしゃっていた加藤の本音を解き明かすうえでの文学とか音楽といったものの役割とか、死刑制度に関するお話などがお聞きできればと思います。

平野　『死刑について』（岩波書店）という本を去年出しましたが、死刑制度自体に反対なので、この間の死刑執行のたびに、言いようのない気持ちになります。秋葉原事件については中島さんがかなり詳しく本に書かれていますが、やったこと自体はとんでもないことで、亡くなった方々や、命は助かったけど被害に遭われた大勢の方々のお気持ちはお察しして余りあります。同時に、彼がああいうふうな道に踏み込んでしまったのには、生育環境とか、母親との関係とか、リーマンショック前後の雇用状況など、背景があるわけで、決して自己責任だけでは片づけられない問題です。悪い奴が悪いことをしたのだから死刑にしたのだ、ということで話を終えてしまうと、なぜああいうことが起こったのかということが全て蓋をされてしまいます。

実際のところ、加藤受刑者が死刑になった時に、彼の犯行に至る背景などをもう一回思い返そうという反応は全くなかった。だからこういう出版企画が今立ち上がっているんでしょうが、僕の本では、死刑制度があるということによって、社会から何が失われているのかということが最終的に一つのテーマとなりました。改めてそのことを感じました。彼が今も生き続けていれば、その存在を通じて考えなければならなかったことがあるはずで、それが忘却の彼方に一気に押しやられてしまうということに大きな矛盾を感じます。

やはり死刑制度というのは、どう言い繕っても国家が人間を殺しているわけですから、抽象的に考えても不気味ですし、死刑執行にあたる刑務官などもいるわけで、それは恐ろしいことです。その生々しさが報道の中で捨象されてしまって、執行の事実だけが伝えられているということにも危うさを感じます。この事件は、ゼロ年代後半に起きていた日本社会の色々な矛盾の、悪い意味での象徴のような出来事でしたけれど、それが記憶の中から薄れていくような危機感を感じました。

雨宮　あの事件が起きたのは15年前ですが、平野さんはその時の衝撃を覚えていらっしゃるでしょうか。

平野　ちょうど、社会学者の大澤真幸さんと青山で対談することになっていて、その会場に向かうちょっと前のニュースで第一報を知って、対談でも急遽《きゅうきょ》話題にのぼりました。「相手は誰でもよかった」という事件でしたが、殺人をして自らも自殺する――あるいは、死刑を望む――「拡大自殺」といわれる事件が少し前から起きており、加藤も2008年に起きた土浦連続殺傷事件に影響を受けていたようです。それが連鎖して、さらに大きな規模の殺傷事件が起こったことはやっぱり衝撃でした。秋葉原というのはあの頃は象徴的な場所だったので、そこで起こったということの意味についても考えさせられました。

その直前に僕は『決壊』（新潮社、後に新潮文庫）という小説を書いていて、事件後、予言的な内容だというので、TBSの番組に出演したりしました。僕はその小説の中で、個人という概念で現代社会を生きている人間を把握することに限界がきているんじゃないかと感じていました。その後に『ドーン』（講談社、のちに講談社文庫）という小説を書いて、「分人《ぶんじん》」という概念を提示して、人間が現実には場所ごとに分化しながら生きていつつも、「本当の自分」という一種の幻想に囚われて、「本当の自分」を探さなければいけないと追いつめられてきたことへの自分なりの反論を表現しました。事件直後は彼の動機はよくわかりませんでしたが、中島さんの本を読んで、色々と理解しました。掲示板を荒らされたことに彼が怒っていたということですが、彼にとっての、僕の言い方で言うと「好きな分人」になれる唯一の場所が掲示板であって、他のいくつかの分人を生きるためには、不可欠な構成要素だったと思うんです。そこで生きることを邪魔され、いじめに近い状況にあった、ということが動機になっている。当時、僕は「分人主義」といったことを考えだしており、社会とアイデンティティとの関係で、腑に落ちました。

もう一つは、自己責任論が強く社会に蔓延していた時期でした。僕は自己責任論も、ゼロ年代と10年代以降では質的な変化があったと思っています。ゼロ年代は、ホリエモンの登場や片山さつきの言動など、どちらかというと「勝ち組」擁護としての格差社会論が優勢だったように思います。「正直者がバカを見ない日本社会にする」という片山さつきの言葉が象徴的ですが、お金持ちの人たちは努力しているからで、貧しい人たちは努力が足りないのだ、と。学校で成績がいいやつはその分勉強しているのであって、みんな平等なスタートラインに立っているのに成績に差が出てくるのは努力次第なんだという、昔の中学校の先生が言うような話を、そのまま内面化して、いい歳の大人になっても考えを変えられない人がたくさん出てきました。メリトクラシー（能力主義）という考えは根深い問題で、ハーバード大学のマイケル・サンデルも『実力も運のうち　能力主義は正義か？』（鬼澤忍訳、早川書房）という本を刊行して話題になりましたが、日本でも福沢諭吉の『学問のすすめ』は典型的にそういう本です。ですから、ゼロ年代の初めは

「勝ち組」になった人たちを擁護する文脈で自己責任論は唱えられていて、「負け組」とされる人たちに対しては、「冷たい消極的な否定論」という傾向が強かった。彼らの存在は、不可視化されていました。

ところが10年代になると、東日本大震災が起こり、日本人みんなでがんばろうという文脈でナショナリズムが高揚し、また、日本の財政危機が強く意識されるようになり、税金の使い道にみんながシビアになってきました。誰に税金が使われるべきかということで、税金が使われるに値する人間と値しない人間を選別しようという考え方が強くなり、例えば、贅沢して糖尿病や腎臓病になった人は救う必要はない、などという暴論まで公言する人が出てきました。格差社会の中で、不遇な人たちは放っておくというそれまでの冷たい否定論から、「積極的な熱い否定論」に移行し、「勝ち組」擁護というより「負け組」批判が強くなってきた。リーマンショック後の年越し派遣村で、派遣切りをされた貧困層が可視化された、ということも大きかったと思います。そういう意味で、加藤事件の場合は「負け組」無視とか放置というようなところがまだ強かった時代でした。そういう不可視化されて自己責任に押しやられている人たちにとって、社会的に可視化されたいという欲求がかなり強くあったんじゃないかと思います。勿論、犯罪によらない表現を、多くの場合、考えるのですが。

もう一つは、ミシェル・ウエルベックというフランスの作家がいますが、新自由主義の自己責任の社会に対して、初期には特にシャープな批評を行っています。彼のデビュー作は『闘争領域の拡大』（中村佳子訳、河出書房、後に河出文庫）という作品で、その後『素粒子』（野崎歓訳、筑摩書房、後にちくま文庫）という作品を書いていますが、いずれも「愛の新自由主義」がテーマになっています。それは、経済的な世界では、完全な自由競争が行われた結果、貧困に陥って「負け組」とされても、まだ社会保障などで保護しなければいけないという論調になる。けれども、愛の領域で新自由主義的な自由競争になったら、「モテ」と「非モテ」ははっきり分かれて、それはもう努力でどうなるものでもないじゃないか、というのが彼の主張なんです。モテるやつは際限なくモテていくし、モテない人間は何やったってモテない。「闘争領域の拡大」というのは、闘争領域が経済領域だけから恋愛の領域にまで拡大してきてしまうと、そこでこぼれ落ちた人間は未来永劫救われず、「非モテ」はひたすら放置されて馬鹿にされるだけだという話です。

それで、努力すれば何とでもなるという価値観の欺瞞《ぎまん》を告発する時に、「モテ・非モテ」に着目するというところでは、加藤はウエルベックの発想とかなり近いところがある。加藤は、自分が「非モテ」であると、掲示板にしきりに書いていますが、完全にネタのつもりで書いていたとも思えません。ネットで知り合った女性との異性関係を持続的に発展させていくということがなかなかできず、自分がモテない、「非モテ」であるとことは、相当強く感じていたと思います。

◆加藤を追い詰めた自己責任論の時代的変化

中島　自己責任という問題ですが、平野さんがお書きになられた『死刑について』で、死刑に対してノーと突きつける最大の要因も、この自己責任という人間観を受け入れられないからだと思うんです。その背景には、私たちの人生は、私たち自身の意思や決定だけで成り立っているわけではない、ということがあると思います。

新自由主義の問題とずっと向き合ってきて、政治学者としては政策提言などをやってきたわけですが、本質をついていないなという思いがありました。これは政策提言の問題よりも人間観の問題であって、目先の解決策を提示することも大切だけれども、その根源にある近代的な人間観の見つめ直しを行わなければ、新自由主義を支える自己責任論を乗り越えることが出来ないと思うようになりました。

近代的な人間観では、人間には明確な意思（＝Will）というものが存在し、それによって自己決定をする、その選択については責任を取らないといけないというのが基本モデルだと思います。これが戦後民主主義を支えていた人間観で、民主の主体を育てることが重要だと考えられてきました。しかし、この人間観の徒花《あだばな》が、自己責任論だと思うんです。ここにメスを入れなければならない。

例えば、今の勤務先の東京工業大学で、入学から間もない1年生にレポートを書かせると、自己責任論が強くにじみでたものが多く出てきます。東工大は偏差値の高い大学なので、入学生は「自分が頑張ったことで掴み取った成果だ」と思っていることが多い。たしかに、難しい試験をクリアするために、彼ら・彼女らは頑張ってきたのだと思います。私はその努力を高く評価したいし、「よく頑張りましたね」と率直に褒めているのですが、一方で、自分の努力や頑張りだけで入学できたと考えるのは、狭い見方なのではないかと指摘するようにしています。

学生たちの多くは、家に自分の勉強机があり、塾や予備校にも通えたわけです。その背景には、ある程度、経済的に余裕のある家庭に生まれたことがあるわけで、そのことを度外視して、自分だけの力で掴み取ったと思うのは、やはり視野狭窄です。ここで見えていないのは、東大や東工大に行きたいと思っても、十分な受験勉強の環境が得られなかった人たちの境遇です。この家庭環境の問題は、多分に偶然性に左右されており、どのような家庭に生まれてくるかは、自分の意思による選択ではありません。この私という存在の根源にある偶然性の問題に目を向けると、自己責任論という人間観は成立しないと思うんです。むしろ、偶然性を直視することで、「その人であったかもしれない可能性」に自分を開いていくことができる。そこから、新自由主義の問題を問い直し、自己責任論を脱却していく。そのような道筋の延長上に、死刑問題があるのではないかと思うのですが、いかがでしょうか？

平野 マイケル・サンデルと対談した時にも、彼の本がまさにそういう本でした。日本だけでなく、アメリカの自己責任論も相当ひどいと言い、特に大学進学に関しては、アメリカのシステムは完全に金持ち優遇になってしまっている。彼も白人男性のエリートで、超名門大学で教えている人間ですから、それを実感して自己批評的にああいう本を書かざるを得なかったところもあると思います。難しいのは、頑張るとか這い上がってきた人を賞賛するという考え自体は否定しがたいもので、それは大学などのエリート教育だけではないということです。例えばヒップホップの歌詞なんかも、ドラッグや銃にまみれた貧困地区で育ったけど、今はこんなに成功している、みたいなのは多いですね。

この価値観は日本でも当然、根深くあります。さっき福沢諭吉の名前を出しましたが、『学問のすすめ』の冒頭だけ読んで平等を説いた本のように思い込んでいる人もいますが、そもそもタイトルがタイトルですから、「天は人の上に人を造らず、人の下に人を造らず」とは言うものの、実際に格差が開くのは学問をやったかどうかの違いで、学問をしろという話ですね。確かに明治維新で革命を起こした下級藩士などは、自分たちは支配層ではなかったところから松下村塾などで学問をして、這い上がってきたんだ、という意識は相当強くあったと思います。そして、あの時代にヨーロッパから入ってきたスペンサー主義やダーウィニズムが、それをさらに後押しした。本当は、ダーウィンは突然変異と自然淘汰を主張したので、努力などとは何の関係もなく、「適者生存」は、「社会ダーウィニズム」ではなく、「社会ラマルキズム」と呼ぶべきですが。

もう一つは、『三島由紀夫論』という本を今書いているんですが（2023年4月に新潮社から出版）、三島が晩年しきりに「武士道」ということを言っています。ちょっと横道にそれますが、ヨーロッパで三島について講演した時に、三島は天皇主義でありながら一方で武士道と言っているが、武士道というのはアンシャン・レジームのエートスであって、フランスで言うとナポレオン主義者でありながら王党派だと言ってるような感じがする、おかしいんじゃないか、という質問を受けたことがあります。日本ではそれを問題にする人はあまりいませんが、確かにそうだなと思って、その後気になっていました。

色々事情はありますが、明治維新以降、日清戦争で勝ったあたりから、なぜ日本は清国に勝てたのかというナルシスティックな自己分析が始まった時に、武士道への着目があったようです。これは新渡戸稲造とか井上哲次郎が陽明学を再評価するという流れの中で起きています。陽明学は、朱子学という体制側の支配原理に対して、一人ひとりの個人が批評意識を持ち、「良知」、良心に基づいて行動を起こすことを称揚する思想でした。それがカントなどの西洋哲学を経由しながら入ってきた個人主義、特に形而上学的な道徳律に人間は律せられて行動すべきだという考え方と近いんじゃないかという理解から、武士の自律性が強調されてゆく。正しいことのために行動する、命を捨てて行動するということであり、戦場では討ち死にか、敵に捕まるぐらいなら自決しなければいけないという戦陣訓に連なっていくような思想まで説かれることになります。この考え方が、三島の武士道などにも典型的に反映されていて、実際に彼は晩年、陽明学に注目をし、『奔馬《ほんば》』（『豊饒《ほうじょう》の海』第二巻、新潮文庫）でも井上哲次郎の本を主人公に獄中で読ませています。

かつては武士なんて人口の一部でしかなかった人たちですが、それがまるで日本人全体の価値観であるかのように再解釈されていった。梅棹忠夫の所謂《いわゆる》「侍ゼーション」ですね。清も外国の軍艦を買ったりして西洋的な軍事化を始めようとしていたにもかかわらず、日本が勝てたのは、ヨーロッパの影響だけではなく、武士道があったからであると考える人たちが出てきた。社会ダーウィニズム的なセルフヘルプの思想とか、武士の自立性への再評価などが重なり合って、個人に基づいた近代的な社会を形成していこうという時に、自己責任論は歴史的にも形成されてゆき、この価値観が公的にも私的にも社会に浸透していっています。これは、総動員体制にも利用されましたが、戦後は資本主義に体よく利用されていきました。

もう一つは、これも中島さんの領域だと思うんですが、日本では市民社会の形成が弱かったことです。人間がエゴイズムに陥るまいと自己反省した時に、ヨーロッパだと「市民」として社会でできることをまず考える段階がありますが、日本の場合は三島も典型ですけど、市民社会を飛び越えて、一気に国家の役に立つかどうかという次元に飛躍してしまい、市民社会自体が空洞化してしまう。だから、地域のボランティア活動をするといった発想にはならず、国のために命を捨てるかどうかみたいな話にいきなり飛んでいってしまう。市民社会は、公的であっても、しばしば国家とは対立するものですが、そのレイヤーが非常に弱い。その市民社会的なものの脆弱さが、居場所の喪失といった時に、隣近所の人たちの役に立とう、互いに支え合おうといった次元を一気に飛び越えて、国家と自分を一対一に結び付けてしまう国粋主義に陥らせてしまう。

戦後、国家の役に立つかどうかの水準がなくなった時に、資本主義が取って代わって競争社会になり、経済活動を通じた自己責任論に自分を律しながら、金持ちになるもならないも本人次第みたいな世界に人々が巻き込まれていった。資本主義社会の中で、ひたすら経済的に成功するかどうかが個人の自己実現の問題になってしまったまま、今日までずっときている。だから三島が批判していたのも、金持ちになりさえすればいいのか、経済的に繁栄すればいいのか、要するに資本主義の奴隷になっていいのかということだったわけで、その批判自体は、今の日本の矛盾を見ていれば妥当だったと思います。ただ、そこから天皇主義に反動化する、というのは、僕の政治思想とは対極的ですが。

◆社会の空洞化と傷つけられた自尊心

雨宮 ものすごくスケールの大きなお話を聞いてまだ整理しきれてないんですけれども、国家にいきなり飛躍したというのは、わかる気がします。私自身、大学は全部落ちて就職氷河期で就職もできずに24歳までフリーターをやっていたんですが、北海道から上京して一人暮らしだから家族もいないし、話ができるような地域社会の知り合いもいない。バイトもしょっちゅうクビになったり契約が切れたりで人間関係も作れない。中間の団体も居場所もひとつもなくて、いきなり国家にいって2年間右翼団体にいたという経緯があるので、その中間の空洞さというのは身に沁みています。

じゃあ、加藤智大とか山上徹也に何があったのか、派遣で職場を転々とし地域社会との付き合いもない状態で、どこに拠り所みたいなものを求めればよかったのか。私はこの3年間、コロナ禍での困窮者支援の活動をしていますが、一番会うのが加藤や山上と同世代のアラフォー男性です。製造業や警備の仕事で全国の寮付き派遣を転々としてきたような人が、コロナ禍でとうとう路上生活になったというケース。彼らは不安定雇用ゆえ、家族も作れないし、職も住まいも転々としているから人間関係も作れず、地元の友人とも切れている状況にずっと置かれてきたんですね。そうした人たちが多分、20～30年前と比較したらおそらく数十万人の単位で増えているということを考えると、彼らはどこに居場所を求めて生きていけばいいんだろうと思います。たとえば、2008年には、年末の年越し派遣村に加藤の同僚が来てるんですよね。クリスマスに派遣切りされて寮を出されてホームレス化した。その半年前、加藤があの事件を起こさずに年末を迎えていたら、彼も派遣村に来ていたかもしれない。そう考えると、この社会はどこで彼を包摂できたのか。なんだか気が遠くなります。

平野　だから、唯一、彼が見出したのがネットの掲示板だったんでしょうね。そこにだけコミュニティを見出しえた。ただそのコミュニケーションの方法が、これは彼の生育環境にもよるんでしょうが、和気あいあいと趣味の話をするというような形にはどうしてもならずに、彼と接した人が「かまってちゃん」だと感じたと言っていますが、嫌なことをすることで注目されるような形以外になかったというところが不幸だと思います。

ですから、彼の場合は生育環境によって生じた行動様式や認知の歪みと、派遣切りの状況が不幸な形で結び付いていったように見えます。ロスジェネといわれている僕の属している世代は、人口が多かったこともあって受験戦争が過熱化した世代でした。少子化なのに文部省が大学を作りまくり、みんなが大学に入学して卒業する頃には景気が悪くなって採用先がなくなりました。その受験戦争の過熱の中で、自己責任論的な教育を受けて、北九州予備校というのが僕の地元にありますが、「努力は実る」という大きな看板が掲げられていました。人生は努力によって決まるということが強く内面化されています。

そういう世代は、自分が苦境に陥っていることに対する強い羞恥心があり、自尊心が傷つけられます。だから罪を犯さないにしても、あの事件に近い時期のNHKの特集で、餓死したロスジエネの青年が取り上げられましたが、彼は最後に紙に一言「助けて」と書き残しているんです。その一言を、生きている内にどうしても言い出せない。直前に同窓会か何かで友人に会っているんですが、お金がないと言い出せず、餓死するまで我慢してしまっています。貧困＝努力が足りない＝恥ずかしいこととなり、問題を社会化して社会全体で解決してほしいということを、当事者の側からは言えない状況になっていました。

もう一つは、『万引き家族』（是枝裕和監督作）を観た時に、憲法学者の木村草太さんがTwitterで書いていて、頷いたことがあります。とても良い映画でしたが、イギリスの監督であるケン・ローチの映画だと、貧困状態になったらまず役所に行って何とかしてくれと言い、役所でも相手にしてもらえないから怒っている、という描き方ですよね。ところが「万引き家族」では、公的機関に助けを求めようという発想も場面も一切ない。それはどうなのか、という疑問でした。これは文学でも、精神的に病を抱えて、参ってしまっている登場人物が、病院に行かずに周囲との関係をこじらせる、といったことを延々と書くようなことにも繋がっていると思います。病院に行けば治る、役所に行けば解決する、という訳では必ずしもないですが、自分や家族、恋人たちの間でだけ背負い込もうとする、という発想の問題です。そういう意味でいうと、市民社会の公的なものが空洞化しているとさっき言いましたが、当事者が制度的な支援には足を向けずに孤立していく。その上、更に、何とかして役所に辿り着いても、対処してもらえないとなると、ますます救済からもれてしまう。

◆ネットコミュニケーションにおける本心のありよう

中島 僕は今日、いちばん平野さんに聞いてみたいと思ったのが掲示板の問題であり、特に「本心」という問題なんです。加藤はご存じのとおり、裁判で「現実は建前、ネットは本音である」と言っています。つまり現実というのは全て仮面の交流であって、建前の関係で生きているが、ネットは本音で語れる場所であると。同時に「本音と本心は違う」というんですが、ここが結構、彼の面白いところなんです。

平野 中島さんも本の中でこだわっていましたね。

中島 ここが重要なポイントだと、ずっと思ってきました。例えば、加藤はネット掲示板で「世界が平和になりますように」というスレッドを立てて、そこを開くと、真逆の不謹慎な内容が書いてあったりするようなことを繰り返していました。ほとんどの人はそこから去っていきますが、一部の人は彼を面白いと思って言葉を交わす。加藤は、そのような人たちとのコミュニティを掲示板に作っていました。

ここに本音と本心の違いがあるというんですね。スレッドでの不謹慎な書き込みは「本音だけれども本心」ではない。例えば、「ホストクラブで自爆テロ」という書き込みをしたりするのですが、これは「本音のネタ」であって、「本心」ではないというんです。確かに、自分の容姿に対してコンプレックスがあり、ホストクラブで女性にちやほやされている男には嫌悪感を抱くけれども、かといって自爆テロを本当にするわけではない。本音をネタとしてデフォルメしただけであって、本心そのものではない。

では本心とは何かというと、彼は「本音のネタ」を面白がってくれる人たちとは、心と心で繋がれると考え、自分の本心を伝えられると考えた。だから、掲示板のコミュニティのメンバーに、本心の繋がりを求めて会いに行くわけですね。

スタロバンスキーが『ルソー　透明と障害』（山路昭訳、みすず書房）という本を書いていますが、この議論を想起しました。ルソーは、近代的な人間関係の中で疎外感に苛まれ、苦しんだ人ですが、彼は近代人の人間関係は外観（外面）の関係に終始していて、どうしても心と心が通い合わないと言います。それは、外観と内面の間に障害物が存在することによると考え、この障害物を取り除くことで、他者との透明な関係性を回復できると考えました。この透明な関係が拡がると、個別の自由意思は、やがて個を超えた一般意思へと昇華する。ここに「万人の万人に対する闘争状態」（ホッブス）を超えた民主主義社会が誕生する。そう主張しました。

加藤が「本心」の交わりを求めて、ネット掲示板のメンバーに会いに行った経緯を見ていると、ルソーが抱いた「透明への欲望」を想起します。「本心」というのは、平野さんの文学の非常に重要なキーワードでありテーマだと思うのですが、この点をどう見ていますか？

平野　一般論として語る前に、加藤という人に限定して言うと、中島さんの本を読んだ限りでは、母親との関係の中で、お風呂で顔を沈められたりして、虐待を受けていますよね。それに対して、僕は本当はお母さんが思っているような人間じゃないんだ、僕にもいいところがあるんだという、自分の内側のいい部分を認めてほしかったという思いは強くあったと思います。時々失敗してしまったり、お母さんの望み通りではないかもしれないけど、本当の僕はこうなんだという、「表面的な僕」と「本当の僕」との分裂というのをかなり強く抱えていたんじゃないか。ただ、それを彼はうまく表現できないから、突飛な行動に移す、その行動も他者がきっと理解してくれるという、都合の良い前提があります。何か不可解な行動をしたり言ったりして、それは心の底から自分が感じてやったことである以上、相手はきっと受け止めてくれるんじゃないかという期待を持っている。あるいは、受け止めるべきだと。彼は自己分析もしていますが、それは秋葉原事件まで繋がっていく行動パターンでした。

ゼロ年代には、一般的には現実の世界がリアルで、ネットは本当の世界ではないという、ある種の序列化があったと思います。だからネットに入り浸っているのは不健全だとか、ネットで二次元の恋愛をしているのは気持ち悪いなど、ネットの世界は現実に劣るものだという見方がありました。一方、ネットの世界に入り浸っている人たちからすると、「2ちゃんねる」のように、匿名で社会的な条件が捨象された世界でこそ、上下関係とかジェンダーとかを抜きにして「本音」を語り合えるんだからこっちのほうがリアルで、現実社会は対人的な顧慮や上下関係といったものに支配されながら喋らないといけないから、むしろ偽りの世界なんだ、という受け止めがありました。そのねじれから、ネットとリアルの二項対立的な捉え方がゼロ年代はかなり強かったと思います。

それで、僕も『顔のない裸体たち』（新潮社、のちに新潮社文庫）という小説を書いて、ネットとリアル、「本当の自分」はどっちなのかという問いの立て方をしていました。そこには、「嘘の自分」を生きるのが嫌で、「本当の自分」はこうなんだという、本質主義的な考え方が根深くある。僕の場合は、ネットといってもだんだん場所が分化して、「2ちゃんねる」みたいな場所もあれば、もっとリアルと地続きの場所もあって、ネット空間自体は一様ではないという現実に注目しました。今では当たり前のような話ですが、現実社会だっていろんな場所があるのだから、ネットとリアルの二項対立ではどうも捉えられないなということで、裏表とか二項対立だけでなく、場所ごとに複数の人格に分化しているということのほうが現実なんじゃないかと捉え直していったんです。

ルソーまで引っ張り出さなくても、社会の中には、お互いが完全にわかり合えることを理想とする考えがありますよね。昔の青春ドラマでも、殴り合ったらお互いがわかり合えたとかいう幻想がありました。その一方で、僕自身のことで言うと、それが気質的に苦手だったんです。どちらかというと、オスカー・ワイルドみたいに、本音で語り合ったら人間なんて恐ろしいことになるんだから、仮面をかぶって嘘でコミュニケートしないと傷つくんじゃないかといった、嘘や仮面を肯定的に語っていくほうが実感に近かった。加藤に見られるように、ありのままの自分とか、「本当の自分」といったピュアな自分という言説が嫌で、自分の内面を色々観察すると、そんなにピュアなものだけで構成されていない、嫌なところや悪いところはたくさんあり、人間がみんな裸になって自分を全てさらけ出していくと、コミュニケーションはますます難しくなると感じていたんですね。

加藤の場合は母親との関係とか労使関係など、外側から演じさせられたり強いられている自分があまりにも過酷だったために、それとの対比で、自分の内なる本心はもっとピュアなはずだという感覚が生じていたのだと思います。自分らしく生きなさい、ありのままの自分でいなさいというメッセージと、コミュニケーション能力を身につけなさいというメッセージとは、矛盾するんですよね。多様な人たちとのコミュニケーション能力を高めようとすると、相手のバックグラウンドや性格的な特徴に応じて色々な自分にならざるを得ないし、それで初めてコミュニケーションが成功するはずです。一方では、硬直的に自分らしくあろうとすると、コミュニケーションがうまくいかない。この矛盾に巻き込まれてしまう。

それで僕の場合は、唯一の「本当の自分」という考え方を捨てて、複数の「分人」すべてを「本当の自分」と考え、価値的な序列を設けないという発想になったんです。ですから、加藤などぜロ年代の半ばくらいの人が苦しんでいた問題は、当時の社会的な雰囲気としてはすごくよくわかります。そこには「本当の自分」幻想があって、自分らしく生きなさいというメッセージをストレートに良いことだと信じると、自分らしさというのはいいものだということになります。でも、本心というのはピュアなものでありながら、実は必ずしもいいものではないですよね。

◆『死刑について』で伝えたかったこと

雨宮　「本心」という問題についてのお考え、とても興味深く聞きました。次に、死刑の話にいってもいいでしょうか。

２０００年代と２０１０年代の自己責任論の違いについてのお話をお聞きして、目が覚める思いがしました。２０１６年に起きた相模原障害者施設殺傷事件はまさにその系譜で、植松聖は財源論を理由にして、命の選別といった話に飛躍しましたね。私はずっと裁判を傍聴してたんですが、彼は、「日本の借金はこれだけあるんだから、あの人たちを生かしておく余裕などない」ということを、遺族の前でも平気で口にし、事件をずっと正当化し続けました。ただ、生産性だとか費用対効果とか効率といったものが重要視される世の中で、植松の言っていることは特別なことではありません。元フジテレビアナウンサーの長谷川豊氏が、人工透析の患者は自己責任だと書いて炎上したこともありましたが、命を選別するような傾向はコロナ禍でより顕著になっていると思います。私がびっくりしたのが、コロナ禍になってすぐの２０２０年4月頃に、アメリカのアラバマ州で出たガイドラインです。その内容は、重度障害者や重度の認知症の人は人工呼吸器の対象にならない可能性があるというものでした。それを知った瞬間、コロナによる医療資源の逼迫を理由にして、「世界の植松化」が始まってしまうんじゃないかと、恐ろしくなりました。結局、このガイドラインは批判を受けて撤回されましたが、平野さんは、そうしたことと死刑の関わりについても書いていらっしゃったので、その辺を入り口に改めて死刑についてお話しいただければと思います。

平野　財源論というのは、この十数年来の妙な話の一つで、10年代の半ばぐらいまでがピークだったような気がするんですね。その後、ＭＭＴ（現代貨幣理論）などが出てきて、財政規律も何にもなくなってしまいました。国はいくら借金してもいい、いや「借金」という言葉自体が間違いだ、ＭＭＴには賛同しないけど借金でいくらでも武器を買ってもいいんだ、といった方向に、極端に針が振れてしまいました。だから植松が出てきたぐらいの頃が、国の借金問題、財源論は一番、盛んだったと思います。

その問題と死刑問題が深く関わっていると思うのは、なぜ無期懲役じゃだめで死刑なのかという議論があって、そこでは必ず、なぜそんな悪いことした奴の生活の面倒を税金で見なければいけないんだという、お金の話が出てくるんですね。今は費用対効果については、「コスパ」とか「タイパ」と言いますが、コスト意識とリスク管理の意識は非常に強いです。コストがかかるものは経済的にダメだというのが一つと、社会にとってリスクになるものは徹底的に予防しないといけないという、この二つが現代の二大価値観のようになっている。そうした中で、犯罪は防止すべきだし、犯罪者にはコストをかけるべきではない、と考えられている。生きていていい人間と生きるに値しない人間を選別するという話が、社会の中で役に立つ人間と役に立たない人間といった発想になって、色々な領域にまで広がっています。役に立つか立たないかがその人の存在意義に直結して、役に立たないんだったら存在それ自体が否定されてしまうような発想になっています。実際は、「役に立つ」というのは、それを主張している社会の一部の人間たちにとって、「役に立つ」かどうかだけなのですが。ましてや、犯罪歴など、社会の「リスク」と見なされるような人間には、なおさら、不寛容です。

植松も多くの殺人を犯したわけですが、この発想は当然、死刑論にも繋がっていて、人を殺して生きていても何か役立つわけでもないし、殺された側も憎いばかりだし、生かしてもしょうがないみたいな考え方になってしまう。社会にとって有益である人間と有益じゃない人間をセレクトしていこうという最も悲惨な形は、ナチスのユダヤ人虐殺ですが、人間を選別するという発想は、そうした究極的な悪に連なっている。

雨宮　平野さんの『死刑について』を読んで共感するところがたくさんありました。私自身も、死刑廃止派の人が、人権といった抽象的な概念だけで話すのを聞いて、被害者や遺族に対して冷淡過ぎないかと反発を感じた経験があります。加藤智大の死刑が執行されてすぐに抗議集会が議員会館で開かれ、私も呼ばれて少しお話ししました。その日は安田好弘弁護士など「死刑廃止国際条約の批准を求めるフォーラム90」の人たちが色々お話しされたんですが、やはり死刑執行への抗議がメインで、私が記憶する限り、被害者や遺族への言及はなかったんですね。もちろん彼らの活動はリスペクトしていますが、そこには少し危うさを感じました。死刑廃止と言う時、被害者、遺族の思いをスルーしてしまうとドン引きする人も多いでしょうし、反感を持つ人もいるでしょう。

　死刑について発言すること自体、ハレーションが生まれますし、特に反対と立場を明確にするのはリスクがあると思います。そうした中でなぜ、平野さんがあえて『死刑について』という本を出したのか、改めてお聞きしたいと思います。

平野　それは、自主的にというところと、状況的にというところの両面があるんです。それまで僕は、死刑賛成と本当に言えるのかなという迷いもあって、小説家としては、ほとんど死刑論には関わって来なかったんです。それが、『決壊』という小説を書き終わって初めて、心から死刑制度には反対だと確信を持つようになった。

その理由はいくつかあるんです。一つは、死刑制度を運用する資格がそもそもないような司法制度の酷さです。明らかに冤罪と思われるような事件でも、検察はまず非を認めませんね。自分たちの捜査が本当に正しいと信じているのか、正しいと言い張るためなのかはわかりませんが、とにかく自分たちの正しさを証明するためには、人一人が死刑になって殺されるかもしれないという状況でも非を認めない。異様です。実際に、証拠の捏造までして冤罪事件をいくつも起こしています。だからともかく、死刑制度が理念的にいいかどうかという問題の前に、日本の警察制度も司法制度もそれを運用する資格がないということが、まず大きな問題です。冤罪は取り返しのつかないミスでしょう？　そういうことが何件も起きている制度であるにもかかわらず、誰も責任を取らず、制度も温存されている。

もう一つは、何と言おうと国家が人を殺しているわけですが、人を殺してはいけないというのは絶対的な規範であるべきで、例外的な事情があったら人を殺してもいいという発想がある限りは、殺人は永遠になくならないと思うからです。もちろん規範があれば例外的な逸脱者はいつでも出てきますが、そのたびにこっちが一時的にその規範を停止して、そっちがそうするならこっちだってそうするという、同じ倫理的次元にまで降りていって殺人をするということは本来不可能でしょう。そっちが殺すならこっちも殺していいんだという理屈ですが、今の法体系ではそうなってないわけです。暴行されて半身不随になったり、レイプされて心と体に大きな傷を負った人が、犯人を同じ目に遭わせてやりたいと思うこともあるでしょうが、その思いは、直接的には刑に反映されないということになっているはずです。死刑に関してだけは、遺族の思いが刑罰に直結すべきだという考え方には無理があるでしょう。

あともう一つは、加藤もそうですが、加害者の生育歴を無視していることです。僕が強い印象を受けたのは、1999年に起きた光市母子殺害事件なんです。あの事件で亡くなった女性と子どもは本当にかわいそうですし、ご遺族も、これ以上ないくらい不憫です。ただ犯罪を起こした18歳の少年も、悲惨としかいいようのない境遇で、社会も政治も法律も一種の不作為として、そういう状況をずっと放置してきた。その結果生じた事件だったわけです。にもかかわらず、まるで自分たちが何の責任もないかのように、悪いのは犯人であり、犯人さえ処罰してしまえばそこにあった不作為がなかったかのように処理されるというのは、欺瞞《ぎまん》でしょう。

更に、死刑制度の運用にかかわることですが、死刑を待っている人たちはたくさんいますが、最終的に誰がどのタイミングで執行されるかというのは完全にブラックボックスで、取材をしている人たちに聞くと、恐らく何人かの話し合いで決めているんですね。そこでは、政治日程の関係で選挙や内閣改造が近いとか、法務大臣在任中に一人も死刑執行をしてないのはまずいから一人ぐらい殺しておきましょうかとか、オウム事件の犯人も在任中に死刑にしておくべきでしょうとかいった、人の死を具体的にスケジューリングして、誰にしましょうかといった相談がなされている。これは、人間が言葉を使ってやっていい話し合いを倫理的に完全に超えています。

被害者遺族という人たちの思いは非常に複雑で、特に日本の殺人事件の半分以上は家族間で起きています。そうすると、犯人を死刑にしてほしいという話にはなかなか収まらない。自分のお兄ちゃんがお父さんを刺し殺したといった話の時に、お兄ちゃんを絶対に死刑にしてほしいとは必ずしも思わないかもしれない。

死刑存置派か廃止派かといえば、凶悪犯罪の遺族の人たちは圧倒的に存置派のほうが多いとは思います。殺してやりたいという気持ちもわかりますが、彼らが犯罪被害者の会などで強く訴えていたのは、雨宮さんもおっしゃったとおりで、自分たちはこれだけ酷い目にあっているのに、廃止派はなんで加害者の人権の話ばっかりするんだということですね。僕は端的に言って、死刑廃止運動が成功してこなかったのはそこだと思っています。実際に被害に遭った人が、生活面や精神的なサポートなどで手厚いケアを受けていたならば、犯罪者に対する見え方、捉え方も随分と違ってくるでしょうし、犯罪者の立場になって考えてみるというような心の余裕も生まれるかもしれません。

死刑のないノルウェーなどは、刑務所の待遇も良くて、連続テロ事件を起こしたブレイビクみたいな人でも最高刑の禁錮21年の判決でした。ノルウェーは高福祉国家で、福祉政策が充実しているから犯罪者に対する寛容な政策もできるわけですが、今のように新自由主義で自分が食べるのも大変という中では、刑務所の待遇改善をやろうとしても、ベッドなどを家具量販店のイケアぐらいの水準に上げるだけでも、デザインや設備の問題を超えて、政治的な問題としてもすごい反発が起きると思います。

だから、死刑廃止が実現されていく過程は、社会全体の福祉の向上だとか、被害者ケアの充実などをセットにしていかないと、国民感情のレベルではなかなか受け容れられない。ただ世界的には、死刑廃止の流れ自体は非常に強力で、アメリカも過半数の州では廃止か実質的な停止状態になっています。トランプ大統領の時にバックラッシュがありましたが、長期的に見れば、アメリカが死刑を全廃するのも時間の問題ではないかという印象です。これは異論もありますが。どこの国でも、世論が反発しても最終的には政治的決断で死刑廃止に踏み切っていますので、アメリカが死刑を全廃して日本もそうしろと言われたら、わかりましたと言って死刑廃止に動く可能性はかなりある気がします。今の日米関係からすると。でもそれは情けないことで、やはり日本の国民が、自分たちで実現を目指すべきだと思います。同性婚にしても、最初は反対が多かったけれど、今は賛成のほうが多くなっていますし、死刑廃止についてもそういう総合的な政策の中で廃止に世論が向いていくことを期待しています。

『決壊』という小説を書いて以降は死刑廃止を言ってきましたが、自分でそう考えたからというのとは別の、状況論的な事情もあります。死刑廃止を明言している人が少ないので、運動をしている人たちから、色々と講演の声がかかるようになりました。死刑廃止論を訴えている人たちには、さきほど言ったような運動上の問題は感じていましたが、ただ針のむしろのような状況の中でそれを訴え続けていますから、会って喋っていると、人間的に魅力的な人が多いんですね。マイノリティーとして声を発し続けている人たちというのは尊敬すべきで、そういう人間性にほだされて、あんまり討論会とかに出るのは好きじゃないんですけど、シンポジウムなどに参加するようになったんです。廃止派が多ければ、自分と考えを同じくする人たちがたくさんいて励まされますが、一方、存置派の人たちと討論しなければいけない時には消耗します。しかし、逆にその心情や考え方がわかり勉強にもなりました。被害者の立場で存置を訴えている人たちの生々しい声を聞くというのも、自分の主張が空論にならないという意味では必要なことで、いろんなところに参加して講演したりするようになったんですよね。そうこうするうち、講演をまとめて本にしましょうという話になって、今回の刊行になったんです。

◆被害者遺族の複雑な思いとケアのあり方

中島　僕も平野さんの死刑についての議論に共感するところが多いのですが、被害者の家族に接してどれほど苦労されているかがわかると同時に、国が彼らをケアせずにどれだけ放置してきたのかということを思い知りました。ここが大きなポイントなんだと思うんですよ。国家がまずやらなければいけないのは、被害を受けた人たちのグリーフケア（悲しみの中にいる人をケア、サポートすること）という問題だと思います。そこの重要性に注目してから死刑の問題に入らないと間違うと、ずっと思ってきたんですね。

世田谷一家殺害事件のご遺族であり作家の入江杏さんのお話を聞いていると、被害者の方たちが、苦しみの中で世界を新たに受け止め直し、自分を開いていくグリーフケアのプロセスがないと、事件に対する本質的な向き合いはなかなか難しいと痛感します。

平野　犯罪被害者の会にかつて「あすの会」がありました。最近、新たに活動を再開したようですが、彼らの活動を通じて、犯罪被害者の救済に関しては、かなり前進しました。しかし、先ほども言いましたが、実際に被害に遭った人たちの問題は複雑で、明日からどうやって食べていくか、心のケアをどうするのか、子どもの受験をどうしようかなど、日々色々なことがたくさんあります。だけど、「お前は被害者の気持ちを考えたことがあるのか」という人たちの中には、そういう現実を一切見ることなく、ただ犯人が憎い、犯人を赦せないという心情を一方的に投影して、自分が被害者の気持ちになっているんだと思い込んでいる人も少なくありません。憎悪一点張りの「連帯」です。だから政治も、厳罰を処していることで責任を果たしている気になって、複雑な問題をケアしようとしない。

実際に、これさえやっておけばという単純化が政治のあらゆるところに浸透しています。たとえば安全保障を考えるのであれば、平和的な外交とか経済的な協力関係など、複雑な対応が必要ですが、防衛費だけ増額すればもう安心だという論調がある。アベノミクスの失敗についても、ジェンダーギャップからの大学教育の失敗、クリーン・エネルギーへの転換の遅れ、……と、ありとあらゆる問題が山積していて、それらをコツコツ片付けていかないと日本の成長なんてあるはずないのに、金融政策一本で経済が成長するなどという単純化で10年もやってきた。死刑という問題も、死による恐怖という以外に、犯罪抑止の為にはすべきことがいくらでもあるのに、死刑制度はそれを隠蔽してしまっている。

中島　加藤の裁判には、雨宮さんと一緒に何回か通ったんですが、裁判への被害者の参加が始まっていました。僕があの裁判で重要なポイントだったと思ったのは、被害者の方たちに対する加藤の対応でした。被害者の多くは、当然ですが亡くなった大切な人の思い出を語り、加藤に対して「不満があるんなら、他人を巻き込むのではなく、自分で死ねばいいのに、なんで一人で死ななかったんですか」という思いをぶつけました。ご遺族の気持ちはよく理解できます。しかし、これに対し加藤の反応は全くなく、ピクリともしませんでした。多分ネットなどで「死ね」とかずーっと言われてきたからだと思うんです。

そんな中、湯浅さんという加藤に切りつけられたタクシードライバーの方がいて、命は何とか助かったのですが、その後の業務には大きな支障が残ったという人なのですが、その方が加藤に向かって「こうした事件がもう起きてほしくないから、あなたがなんで事件を起こしたのか、僕は知りたい」という趣旨のことを言ったんです。その瞬間、加藤は頷き、涙が出たように見えたんです。間違いなく、心が動いた表情をしたんですね。加藤が唯一反応し、エモーショナルなものを見せたのは、裁判全体でそこだけだったんですよ。「一人で死ねばいいのに」という言葉を加害者にぶつけるのが被害者の人たちの裁判への参加だとするならば、それは不幸な関係であり、何か重要なズレがあるんじゃないかと僕は思ったんです。

繰り返しになりますが、被害者の方の気持ちはよくわかるし、私が当事者だったら、同じような言葉を投げかけるかもしれないと思います。しかし、このような言葉を投げかけた結果、加藤が無表情で、言葉を聞き流す場面が繰り返されると、加藤に内省を促すという観点からも、グリーフケアという観点からも、何かうまくいっていないという感じを受けてしまいました。

平野　TBSが、先ほど触れたノルウェーの事件のブレイビクという犯人を取り上げながら、ノルウェーはどうしてそんなに犯罪者に対する寛大な処置をとっているのかを特集した番組を見ました。その時に娘を殺されたという女性が出ていて、「自分はブレイビクを殺してやりたいと思ったし、自殺もしようと思った」と。ただ、「娘が二人いて、お姉ちゃんが死んで悲しんでいるところでお母さんまで自殺したらどうなるのか」ということで自殺は踏みとどまったけど、殺したいとは思っていたと素直に言ったんです。番組の最後にもう一回その女性が出てきて、「ノルウェーが犯罪者に対する寛大な措置を維持していることは適切だと思うか」という質問をされた時に、「適切だと思う、自分は一度は殺したいと思ったけど、それによって社会が厳罰化にいけば、ブレイビクが望んでいたような社会になるし、そうしてはいけなかった。あれをきっかけにして社会が寛容さを失うことがなくて良かった」と言ったんです。これは綺麗事《きれいごと》でも何でもなくて、地獄のような苦しみの中で到達した考えだと思うんです。その言葉を聞いた時には、その人を尊敬し称賛する気持ちになりますし、目の前にいたら抱擁したくなるような感動を覚えました。

だけど、日本の場合は、犯罪被害者の人たちが赦すという心境になった時に、身内から非難されるという例があります。また、死刑を望まないと言うと「愛する人を殺されて、なんで死刑を望まないの？　本当は愛してなかったんじゃないの？」などと言われて、二度苦しめられるという経験をされている方もいます。社会自体が苦しみを経験したら憎むのは当然という考え方で、それを赦すと言った人をいかに尊敬し、社会全体で抱擁していくかという準備が全くできていないので、赦すという結論に至った人は社会的に孤立してしまいかねない。だから、中島さんがおっしゃったタクシー運転手の人は本当に立派だと思いますが、彼のような人物を立派だという風潮はないから、その人は特に注目されなかったと思うんですよね。

それは日本社会にある寛容さの欠落ということが大きいからでしょうが、ただ僕は赦せないというのも仕方がないと思います。正直、自分の子どもがそういう形で殺されたら、赦すという心境には到底なれないんじゃないかという気がします。ただ、赦さないということと死刑を求めるということは短絡しているわけではなく、赦さないけど人を殺してはいけない、社会の一員として死刑は求めない、という立場は完全に両立可能だと思います。今の日本の議論の次元は、赦さなければ死刑だという二者択一になっていますが、赦さなくても死刑を求めないという立場はあるし、赦さないという感情がいつか赦すという感情に変わりうる可能性もあります。憎しみから違う感情に至るにはすごく時間がかかるでしょうが、その時間は社会全体が担っていかないといけない。

中島　同感ですね。

平野　長くなってすみませんが、安倍元首相が暗殺された時に、細野豪志という政治家が「私はテロを起こした時点でその人間の主張や背景を一顧だにしない。そこから導き出される社会的アプローチなどない」というコメントをしていました。しかし、たとえば自殺について、「こんなに苦しかったんだから自殺したのは仕方がないですね」という報道がなされれば、アナウンス効果が強く出て、自殺者がまた出てくるかもしれませんから、ＷＨＯのガイドラインでも抑制されています。だからといって原因を考えなくていいわけではないし、次なる自殺者を出さないという予防的観点からいっても、その動機を分析することは大事なはずです。アナウンス効果自体は、報道の規模によっても出るのですから、そのことだけを考えていても、根本的な再発防止は望めません。そもそも僕は文学者で、ドストエフスキーの影響を大きく受けているくらいですから、犯罪者に同情しつつ、その行為の倫理的悪を考えることくらい、当然にできます。文学者じゃなくても、そのくらいのことは、多くの人がするでしょう。

人を殺すのは悪いに決まっていますし、暗殺事件がよくないことは自明のことですが、やはりその動機を市民がみんなで考えないといけない。背景には、自民党と旧統一教会との長年の癒着があるのですから、自民党の政治家がそんなことを言うのは無責任にもほどがあります。そもそも山上は、先行する事件のアナウンス効果などなくても犯行に及んでいるのですから。

雨宮　これまでのお話を聞いていて思い出したのは、やはり相模原事件です。犯人の植松は「障害者は不幸を作ることしかできない」とメチャクチャなことを言って19人を殺害したわけですが、その植松に対して「そんなお前こそいらない」と死刑判決が下された。それでいいのか？　という違和感が私の中にはずっとあります。

裁判で多くの遺族の方々は厳罰を求めると言っていました。それは当然のことだと思いますが、死刑確定時、植松は30歳。今後変わる可能性がゼロとは言えないと思います。

裁判中は、毎日マスコミが「植松詣で」をしていたこともあり、植松はハイテンションになっていました。そんな中、法廷を、自分を正当化する劇場のような形で利用していたのも確かです。結審の日には最後の発言があり、そこで謝罪の言葉があるかもしれないとみんなが固唾を飲んで見ていましたが、開口一番彼が言ったのは、「ヤクザは、お祭り、ラブホテル、タピオカ、芸能界などさまざまな仕事をしています」という意味不明なものでした。遺族や被害者、その家族からしたらふざけているのかと許せないでしょう。そんな裁判が終わって死刑が確定した時、ものすごく空しい気持ちになりました。

今、彼と会えるのは家族と弁護士だけです。連日のように来ていたマスコミとももう会えない。静かな日々がやってきて、植松はだいぶ変わったようです。ウツっぽいとも聞きますし、逮捕されてからずっと伸ばしていた長い髪を切って坊主にしたそうです。そんな植松が変わっていくのは、マスコミと会えない時間が長くなってからだと思うんです。やっと自分の起こした罪と向き合い始める可能性がある。もしかしたら今から何年後かに、心からの謝罪をしたいと言い始めるかもしれない。自分が遺族だったら、気持ちの整理はつかないにしても、黙って死刑執行されるよりはそっちのほうがまだマシじゃないかとも思うんです。そういうものを全部取っ払ってしまう結末はなんともいたたまれないですね。

もう一つ、平野さんの本でびっくりしたのは、フランスの極右政党が「自分たちが理想としている国は日本だ」と発言していたというところでした。「日本は移民や難民を非常に厳しく制限し、死刑制度もある、そのおかげで治安がいい」ということですが、それは結構衝撃的でした。

平野　僕の作品が早い時期にヨーロッパで翻訳されたこともあって、向こうの作家などと話をしていると、死刑について話題が及ぶことがありました。そうした中で、フランスに「国民戦線」という極右政党が台頭し、その副党首がそういう発言をしたんです。僕は小説家ですから、当然死刑廃止論者だと思われていて、話を振られることが多かった。その頃僕は死刑は止むを得ないんじゃないかと思っていた時期でしたから、そうした発言に考えさせられました。

死刑肯定論者の中には、死刑という形で死に直面させ、その恐怖感を味わわせることによって、被害者の気持ちを想像させて反省させるということを言う人がいますが、それは都合のいいフィクションであり、実際には起こらないんじゃないかと思います。例えば、池田小学校で何人も児童を殺した犯人に宅間守がいましたが、彼は全く反省しないまま死刑にされましたし、仮に彼が死を前にして死は怖いと思ったとしても、その恐怖感と追いかけられて殺された子どもの恐怖感は決して交換可能ではありません。自分の死が怖いだけで殺された子どもの死などどうでもいいと思うかもしれず、むしろあいつらのせいで俺はこうなったんだと逆恨みするかもしれません。刑務所で死刑を待っている間に反省する人はもちろんいますが、支援活動をしているような人が手紙を書き続けて、次第に心を開いていくといったケースもあります。だから、反省させることが死刑の目的だとすれば、死刑ではない効果的なやり方が他にあるはずです。僕は遺族感情は想像できますし、その人たちを責めるのは残酷だと思う。ただ、あなたはそういう考えに基づき罪を犯しましたが、私は人を殺さないという世界で生きている人間ですからあなたに死は求めません、と言えることが大事ではないかと思います。

私はこの寛容な社会を守りたいと思っているので、「あなたはいりません」という立場には立ちませんと言えるかどうか。そのためには社会が寛容さを実現していかないといけない。

雨宮　今、急に思い出したんですが、私の物書きとしての師匠は作家の見沢知廉《みさわちれん》という人です。新右翼・一水会の相談役でもあったんですが、２００５年に亡くなりました。この人は、１９８２年にスパイ粛清《しゅくせい》事件で殺人を犯し、懲役12年の判決を受けます。一水会は新右翼団体ですが、彼は元々は左翼だったので、公安と親しくしている人をスパイだと思って殺人を犯したようです。

12年間刑務所にいる時に、獄中で書いた『天皇ごっこ』（第三書簡、のちに新潮文庫）という小説が新日本文学賞の佳作となり、出所後は作家として活躍しました。『調律の帝国』（新潮社、のちに新潮文庫）という小説は三島賞候補にもなっています。

そんな見沢さんは、出所後に学生たちによって「革命ごっこ」というドキュメンタリー映画を撮られています。その中で、なぜ殺人を犯したかなどを語っているのですが、驚いたのは映画の中に遺族に電話をするシーンがあったことです。自分が殺した人のお母さんに電話して、出所したことを伝え、申し訳ありませんでしたと謝るんですが、そのお母さんは見沢さんが作家になったことを知っていたらしく、「息子の分まで頑張ってください」と声をかけてくれたそうです。その言葉は、確実に見沢さんの心の支えになっていました。「殺人作家」などと揶揄されるたびに、自分は被害者の母親にそう声をかけてもらったんだと強調していました。

晩年、見沢さんは「殺人犯」という汚名をそそぐためには大きな文学賞をとるしかないということに取り憑かれるようになり、芥川賞や三島賞に異様に固執するようになります。そうして何百回と小説を書き直し、その過程でどんどん心を病んでいきます。私は見沢さんが「狂って」いく過程をリアルタイムで見ていました。私は2000年にデビューしたんですが、最初の頃は喜んでくれていたものの、なぜか一時は攻撃の対象になり、私の連載を「中止しろ」と出版社に電話をかけたり、と思ったら突然電話をかけてきてテンション高く喋り続けたりするので戸惑っていました。ある時は、自分で自分の指を切り落として部屋中を血だらけにしてそのまま入院したりもしましたし、心身の調子を崩してからは出演予定のイベントはすべてドタキャン、連載も続けられなくなっていて、ガリガリに痩せていきました。そうして最後は、マンションから飛び降りて死んでしまいました。

今思うと、被害者のお母さんは、まだ右翼団体にいる見沢さんに関わりたくないから「息子の分まで頑張ってください」と言った可能性もありますよね。「そっとしておいてほしい」とも言ったと聞きました。でも、もし本心からそう言ってくれていたのであれば、その「赦す」過程には何があったんだろう、と思いました。

◆「赦すことを許す」とは

平野 『決壊』という小説は、犯罪被害者に関する小説なので、被害者に感情移入しながら書いています。実際に被害者のご家族を取材すると、加害者の家族がバッシングをされたりして崩壊するのは想像できますが、被害者の遺族で崩壊していく家庭もあります。それは、犯人を赦すかどうかとか、経済的に苦しくなっていくとか、鬱になったりするなど、色々な事情ですが、悲惨の一言に尽きます。

繰り返しになりますが、赦すということを求めるのは、少なくとも相当な時間がかかります。ハンナ・アーレントが『人間の条件』（志水速雄訳、ちくま学芸文庫）という本の中で、赦しというものの効果を初めて発見したのはナザレのイエスなんだと主張しています。刑罰と赦しは対極的に見えるけれど、復讐の連鎖を終わらせるという意味では同等の機能を持っているんだというのです。憎しみ続けるというのは、生命のエネルギーを無尽蔵に消費し続けることなので、被害者遺族にとってもとても苦しいことのはずです。だから、彼らが赦しという決断をした時に、社会が赦すことに価値を認めて称賛するようであれば、赦すことを通じてその憎しみから解放されることがあり得る。ところが日本は赦せない社会で、ずっと憎み続けないといけないし、その憎しみを終わらせるには死刑しかないという形になってしまっている。これは不幸です。メディアも遠慮しているのかもしれませんが、実際に死刑になった後、その遺族の方たちの心境がどのように変化したのかということは全然フォローされてない。それで救われたというならば、それはそれでリアルな言葉だとは思いますが、死刑が必ずしも憎しみを終わらせる機能を持っているわけではないいんじゃないか。

中島　「赦すことを許す」という問題を考えた時に、僕が希望を得ているのは、水俣問題なんです。杉本英子さんや緒方正人さんは、七転八倒の末にチッソを赦すという心境に立った。水俣の中では、それを非難する人もいたし、いろんなことを言われましたが、時間の経過と共に彼らの赦しが抱きしめられていったというプロセスがあると思うんですね。今は杉本さんや緒方さんを悪く言う人なんてほとんどいなくなっていて、それこそが水俣病事件から紡ぎ出された思想だと見なされています。

あるいは南アフリカでもマンデラが国のトップに立った時に、就任時の一番前の席に自分を獄中に繋いだ白人たちを並べ、そこで赦すと言い、ここで差別を断ち切ろうと語った。そういう可能性も人類にはあり得るんじゃないかと思っています。「赦すことを許す」という問題を追求した果てに、死刑の問題に辿り着き、死刑廃止という論に繋がるんではないか、そこを探求したいですね。

平野　ルワンダでも、ツチ族とフツ族の争いのあと、今は一緒に社会生活を送りながら急速な経済発展を遂げています。「赦す」というのは要するに何なのかという言葉の定義のところで、ひょっとすると、アーレントが言っていることやマンデラが実行したことの内容と、日本人が「赦す」という言葉に込めている意味合いに違いがあるのかなという気もします。無かったことにするというようなことまでを「赦す」という言葉に込めていて、そんなことできるわけがないといった反発になっている。赦せないと思う心情にもどこかそういう含みがある。だけど、「赦す」という言葉の中には、赦せないものも含まれているけど赦すといった、その言葉自体の深みとか複雑さがあるでしょう。だから赦すと言ったら「殺されてどうして赦せるんだ」みたいな反発がくるんじゃなくて、アフリカやノルウェーで実際に起きている「赦す」ことをみんなが受け入れるというのは、その言葉の中に含まれている複雑さを受け止めつつ、みんながそれに敬服するということがあるんじゃないでしょうか。

雨宮　さっきの見沢さんのことで思い出したんですが、見沢さんが「息子の分まで頑張ってください」と言ってもらえた背景には、獄中の見沢さんを献身的に支えたお母さんの存在もあるのかもしれないなと思いました。シングルマザーだったんですが、見沢さんが事件を起こしたことで仕事も失い、山荘の住み込みや介護、家政婦の仕事をしながら12年間、見沢さんを支え続けたそうです。そういうお母さんだから、遺族の方に手紙を書いたり、なんらかのアプローチを続けていたのかもしれません。見沢さんのお母さんも亡くなってしまったので、もう確認のしようがありませんが。そういう、加害者の家族が被害者の家族に対してどういうアプローチをしたかとか、加害者の親がどれほど苦労したかといったことも、赦すことの背景にあるのかもしれません。

あと、死刑執行についての話し合いの話がありましたが、加藤智大の死刑が執行されたのは山上徹也の事件から18日後で、連続幼女誘拐殺人事件の宮崎勤の死刑執行が加藤智大の事件の9日後になされています。その死刑執行のタイミングには奇妙な符合を感じます。加藤と宮崎勤はオタク繋がりであり、山上と加藤は派遣とロスジェネ繋がりじゃないですか。このアキバ系オタクの事件の後に、元祖オタクの宮崎の死刑を執行しても世論の批判は出ないだろうみたいな相談がなされているんでしょうか？

平野　そこは完全にブラックボックスなんですが、おかしなことだという想像をさせますよね。1992年に起きた誘拐殺人である飯塚事件だって、DNA鑑定の信頼性が疑われ出した途端に、慌てて死刑の執行をしていますし、それは本当に恐ろしいことだと思います。

中島　一番怖いのは、予防効果を狙っている可能性ですよね。

平野　本にも書きましたけど、他者を殺害して自分も死のうという「拡大自殺」というのは、本人が死刑になるつもりで事件を起こしているのであり、むしろ死刑になりたくてやっている事件もある。死刑制度自体が犯罪を誘発している要素があります。死刑存置の話で、無期懲役のような刑に比べて死刑に特に犯罪抑止効果があるわけではないというのは、色々なデータでこれまでも言われてきていることです。

◆文学や芸術の力

雨宮　中島さんは、秋葉原事件を語る際、文学や音楽についての話は外せないと以前言っていたと思うんですが、中島さんから平野さんに、加藤は文学や音楽で救えたんじゃないかといったことについて聞いてもらえたらと思います。

中島　僕は福田恆存という人にすごく影響を受けているので、彼が戦後すぐに描いた「一匹と九十九匹と」（福田恆存評論集〈第1巻〉麗澤大學出版會所収）というエッセイがすごく好きなんです。迷える百匹がいたとしたら、その九十九匹を救おうとするのが政治である。しかしいくら素晴らしい政治があったとしても、どうしてもそれでは救いきれない迷える一匹というものが出てくる。そこに政治は手を出してはいけない。その一匹を救うものこそが、文学や芸術の世界であり、その一匹まで救おうとする政治、つまり百匹を救おうとする政治は、必ずその人の内面まで政治が掴み取ろうとしていくので、ファシズムといったものを招いてしまう。どうしようもないその最後の一匹というものは、やはり文学者というものが重要な意味を持つんだ。その区別ができなかったことが、戦争下における文学者の戦争責任である。みんながどす黒い気持ちを持ち、隣のやつを告発したりする獣のようになってしまった日本人の心に、差し伸べる言葉を紡ぐことができなかったことこそが文学者の戦争責任であって、戦争に便乗したからというのは本質ではない。彼はそんなことを言っているんです。かつそれは、一匹と九十九匹に人間が分かれるというよりは、人間の中には九十九匹と一匹の両方があるんだ、そのことを考えろと福田は言っていて、僕はその通りだなと思うんですね。

加藤にしろ山上にしろ、政治で救えた可能性の部分があるのは確かだと思うんです。ソーシャルインクルージョン（社会的包摂）がしっかりしていたり、彼らが正規雇用にありつけてある程度ハッピーな家庭を築けたりしていたら、事件を起こさないで済んだかもしれない。それが政治で止めることができた可能性の部分だと思うんですね。しかし、それでもなお事件を起こしたかもしれない可能性について、僕は政治は最終的に無策なんだと思うんです。そこをやると、個人の内面にまで政治が介入してくるような全体主義を招き寄せてしまう。その最後の一匹という問題をどのように考えるのか、平野さんはこういう問題に近接するテーマをこの十数年ずっと選んでこられたと思いますが、作家としてどうお考えでしょうか。

平野　福田の意見はイギリス的なリベラリズムに近い発想だと思うので、リベラル保守を標榜する中島さんがそこに注目するのは面白いなと思いました。僕は加藤の問題に関していうと、文学が最終的な救いになるもっともっと手前で、政治がやるべきことは山ほどあったと思います。特に日本みたいに、企業が大手を振って非正規労働者からピンハネし続けているような国は他にはありません。加藤はいくつもの要因が絡み合ってああいう犯罪を犯したと思いますが、雇用があんなに不安定じゃなかったら、最後の最後に犯罪にまでには至らなかったんじゃないかという印象をかなり強く持っています。その意味では、あの事件に関しては、政治的な責任を最大限に問いたいところがありますが、そのうえで中島さんおっしゃる通り、ひとつは言葉だと思うんですよね。彼は自分の言葉の中で自己規定をしていって、だんだん自分でも逃れられなくなってきている。彼に違う言葉があれば、そこから救われていたんじゃないかという思いもあります。

もう一つは、加藤の友達との遊び方を見ていると、家にたむろしてゲームをしたり、そこにちょっとお酒が加わるぐらいで、中学校ぐらいの時の友達との遊び方から大人になっていない感じがする。

ゲームが悪いわけでもないし、TikTok にのめり込むことが悪いわけでもないんですが、それを提供しているのは営利企業であり、個人の時間を際限なく吸い上げてお金にしていくわけです。そういう中で、「今ここ」という限界状況から自分を解放していくためには、外から来る何らかの言葉との出合いがどうしても必要になる。その出合いがあるかどうかというのは、生まれ育ちの文化資本の話にされてしまっていて、どうやったらそういう機会があり得るのかということを僕も思うんです。それは文学ではなくても、歌の歌詞とか音楽に感動したということでももちろん全然構わないのですが。

そういう意味でいうと、加藤という人は、中島さんも多分感じられているんだと思いますが、SNSで書いているものを読んでいると、うんざりしてくるところもあるんですけど、一面の真理を突いているようなことを言ったりもしています。見た目で判断するルッキズムを批判したり、今だと「そうだよね」みたいなことも言ったりしています。だから、彼の中で感じていることを言語化する時のプロセスにもうちょっと何か別の言葉が介在していれば、彼の表現方法も変わっていったかもしれない。

僕は文学者ですから、手前味噌ですが、そういう時に文学を読んでいたらなと思うんです。じゃあ、具体的に何を読んだら良かったのかというアドバイスは難しいんですが、僕自身は小説を書いている時には、文学である以上は書こうとしていることのコアに、あるアポリア（解決困難な問題）みたいなものがないと文学としては意味がないと思っています。つまり、普通に論理的に喋っていて、何かをしなければいけないという解決方向が見えている問題というのは、文学で書いてもしょうがない。本当に書かないといけないのは、解決しようのない問題が核心にある時です。そこに向かって言葉も熱を帯びていくし、結局は解決しきれないかもしれないけど、そこに向かって綴られた言葉を読んでいくプロセス自体が、自分の思考を開いていってくれる。そういう具体的な効果と共に、一種のヒーリング（心と体を癒す）効果のようなものもある。

その言葉の中で、自分の感じている解決のしようもない問題が、新たに自分の中で把握し直されるということもある。言葉の貧しさというのは大きな問題であり、それもまた格差化しています。ネットでもどういう言葉で喋っているかというと、レイヤーのギャップが大きい。Twitterを見ても、すごく難しい話をしている専門家のレイヤーもあれば、回転ずしで悪戯して喜ぶみたいなレベルのレイヤーもあって、そこが分断されていてなかなか攪拌《かくはん》されない。分断というと、政治的な意見の対立というようなことになって、違う価値観の人たちが水平的に分断されているというイメージですが、僕は垂直的な分断というのが大きく起きていると思います。そこに文学の言葉がどのように届くのかというのはなかなか難しいんですが、そういうものを書かないとしようがないとは思っているんですよね。

中島　加藤の場合、書き込みが全て掲示板にされていたため、時間表示があるんです。どの時間に何を書いたのかがわかるんですね。彼が事件を起こす最終的な引き金になったといわれている出来事に、彼が勤めている自動車工場で朝行ったらツナギがないというのがあって、俺を辞めさせる気かと暴れて、それで無断退社したわけですけが、僕はその道を歩いてみたんですね。彼の働いてきた会社から最寄りの岩波駅まで、歩くと20分ぐらいかかるんです。そこから一駅だけ、たった2、3分乗って次の裾野駅で降り、そこからまた20〜30分歩いて自分のアパートに帰るんです。

職場から岩波駅まで歩いている間に、何度も電話がかかってきます。実はツナギは現場にあり、彼が見落としただけだったんですね。だから、職場の人たちが加藤の勘違いをただそうとして電話をかけてきたんです。「ツナギはあるから戻ってこい」と伝えようとしたんです。しかし、彼は掲示板に書き込みをしたいので、電話がかかってくることがウザいわけです。電話がかかってくるたびに、書き込みが中断されるので、イライラがつのるんです。この日の電車の時刻表に合わせると、彼が岩波駅で電車を待ってる時に不思議な一節を書き込んでいます。それがBUMP OF CHICKENの「ギルド」という曲の歌詞なんですが、一字一句間違えずに書き込んでいます。電車に乗って裾野駅に着くと、また彼は「ギルド」の一節を書き込んでいます。彼の心がかき乱され、暴力的な衝動がおさまらない時に、彼の脳裏にふっと想起されたのが、BUMP OF CHICKENの歌詞だった。この瞬間に届いた言葉というのが音楽の言葉だったということに、僕は重要な意味があると思うんです。

平野　彼が書き込んだ歌の歌詞はどんな内容でしたっけ。

雨宮
「美しくなんかなくて
優しくも出来なくて
それでも呼吸が続く事は許されるだろうか」
「その場しのぎで笑って

鏡の前で泣いて
当たり前だろう
隠してるから　気付かれないんだよ」
という部分です。
ちなみに曲の最後には、「与えられて　クビになって　どれくらいだ　何してんだ」という歌詞がある。派遣労働とか使い捨てのような日常の空しさを歌っているようでもあり、孤独や孤立も歌っている。

（BUMP OF CHICKEN　ギルド　アルバム『ユグドラシル』収録）
（日本音楽著作権協会（出）許諾第2304947-301号）

平野　中島さんの本を読むと、評伝作家としての筆の才が強く感じられます。加藤って、最後の最後でツナギがないと言って怒っているような場面など、文学作品の登場人物みたいな感じがします。ドストエフスキーの『罪と罰』を獄中で読んだりすると、感銘を受けたりするタイプの人物に見えます。そういう機会がなかったことは残念ですね。

中島　『秋葉原事件』という本の中で「彼を後悔させたい」と書いたんですが、そのためには「しまった、あんな事件を起こさなきゃ良かった」というような社会にするのが僕たちの仕事だろうと思います。それがないまま、死刑によって彼の命が絶たれたというのは、悔しいというか無念だという気持ちで一杯です。

平野　今おっしゃったこととの関連で、一時、ローンウルフ（一匹おおかみ）型のテロと言って、無差別殺人の自爆テロがよく起こっていましたね。欧米でも、移民の2世、3世が社会から孤立し、ネットで過激な教義に触れて自爆テロを起こすという事件が起きました。その時にも思ったんですが、自分がこの社会からある恩恵を受けていると思えば、この社会を壊してはいけないと自然に思うはずです。だけど、楽しいこともなく、何の恩恵も被っていないって思うと、何で税金まで納めて他人のための世界を維持しなければいけないのか、という気持ちになる。だから、その社会を壊してはいけないと踏みとどまらせる力が大事で、そこに住んでいることで何らかの恩恵を受けているという実感を持てなければ、どれだけ厳罰化しても、その社会を壊したいという衝動を抱く人が出てくるのは抑えられないでしょう。

加藤にしても、秋葉原を狙ったというところには、一種のジェラシーがあったのではないかと思います。そこにはエンジョイしている人やカップルもいるわけですから、現実社会を楽しんでいる「リア充」の対して、自分も同じオタクなのに何でわかってくれないんだといった気持ちになったんでしょう。加藤は秋葉原が好きで行ったんでしょうが、そこから恩恵を受けているという気持ちよりも、楽しんでいる人たちと自分は違うという感じをより強く抱いたのではないでしようか。

雨宮　平野さんの話を聞いて、なんだか改めて加藤がすごくかわいそうになってきて泣きそうな気持ちです。

あとがき

〈雨宮　処凛〉

「自分の子どもは必死で勉強したからいい大学に入って就職もできました。そうできないのは、本人の努力不足だとずっと思ってました。だけど『溜め』という言葉を知って、やっと理解できたんです」

2022年末、ある講演会で話したあと、男性がそう声をかけてくれた。子どもが私と同世代だという男性は、最近になって「溜め」という言葉を知ったのだという。

「溜め」。

ちょうど秋葉原事件が起きた2008年頃、反貧困活動をしていた湯浅誠氏が積極的に提唱していた言葉だ。

意味するところは、人間関係や貯金、企業の福利厚生、相談できる人や頼れる家族など。そういうものがある状態を「溜めがある」、ない状態を「溜めがない」と言う。そうして貧困は、お金がないだけでなく「溜めがない」状態なのだと。

もうひとつ、当時、湯浅さんが提唱していたのは貧困に至るまでの「五重の排除」という概念だ。家族福祉からの排除。教育課程からの排除。企業福祉からの排除。公的福祉からの排除。そして自分自身からの排除。

困った時に頼れる実家や就職に有利な学歴、また失業保険や生活保護などの社会保障制度などなどから排除された果てに、人は貧困に陥るということだ。

加藤を見ると、かろうじて教育課程からは排除されていないものの、虐待を理由に家族福祉からは排除され、派遣という働き方ゆえ企業福祉からも排除され、公的福祉の対象ともならず、また自殺願望という形で自分自身からの排除とも隣り合わせだった。

ふと、私たちの親世代を見ると、「溜め」があったんだなぁ……と遠い目になる。

だからこそ、結婚し、子どもを持ち、ローンを組んで家を建て、子どもに教育を受けさせることができた。地域での人間関係があり居場所があり、「一人前」に扱われてきた。男性は働いてさえいれば、そして女性は結婚さえしていれば、「一人前でない」という尊厳の削られ方をすることはあまりなかったように思う。それはそれで、そのレールに乗れない人にとっては生きづらい社会だろうが、未婚率も非正規雇用も今よりずっと低かった。

翻って、ロスジェネとそれ以降にはあまりにも「溜め」がない。

「なぜ、困った時に相談できる人もいないのか」

コロナ禍、所持金ゼロ円になった人々への駆けつけ支援がなされているなんて話をすると、たまに年配の人からそう聞かれる。頼れる人がいないのは本人に人格的な問題があるからでは、なんて言われることもある。しかし、彼ら彼女らが「相談できる人が一人もいない」ことそのものが、「溜め」のなさを示している。

親世代が当たり前に手に入れていた「雇用の安定」と「定住」。ある意味で究極の「溜め」なわけだが、それが手に入れられない層が一定数出てきた第一世代が加藤や私も含まれるロスジェネだ。

地元から離れて各地を転々とする生活では、人間関係も流動的でぶつ切りになる。そんな生活が何年も続けば、地元との関係も疎遠になっていく。仕事を求めて各地の「寮付き派遣」を転々とし、半年先、3カ月先の自分がどこで何をしているかわからない生活では、恋人を作ることにも前向きになれないだろう。安定雇用と定住が得られない生活は、人から人間関係と居場所を容易に奪っていく。だからこそ、困り果てた時に頼る人さえいないのだ。

そんな「溜め」を少しずつ失っていった加藤にとって、唯一残ったのが、ネットの掲示板だった。

22年7月26日、加藤智大の死刑が執行された。

それを受けたここまでの対話の中で、私は初めて、彼がなぜあれほど「なりすまし」に怒りをあらわにしたのか、あれだけ心をかき乱されたのか、恥ずかしながら初めて理解した。頭ではなく、ストンと腹に落ちるような理解だ。

告白すると、私は加藤が裁判で派遣労働ではなく「なりすまし」が原因だと述べた際、「なんだよ」と落胆した一人だ。

なんだよ、なりすましって。そんな小さいことかよ。厚労大臣が日雇い派遣の禁止にまで言及したのに、あの事件を機に派遣を規制する方向の世論だって高まってきたのに、と。勝手ながら、どこか加藤に裏切られたような思いさえ込み上げてきた。

ネットに居場所を求めたことがない私は、そんな「些細《ささい》」で「瑣末《さまつ》」なことがあれだけの大事件に繋がることが、まったく理解できなかった。携帯を、パソコンを閉じれば消える世界。まだSNSがそれほど広まっていなかった当時、私にとっての掲示板はそういう類のもので、今のSNSほどそれは私たちの日常を侵食していなかった。

だからこそ、加藤の言い分は、自分が「かわいそうな派遣労働者」「社会構造の犠牲者」というストーリーに回収されることへの強烈な反発にも思えた。そんな話にだけはされてたまるか。そんな強い抵抗を感じた。

もちろん、ここまで話してきたように、そういう側面もあっただろう。しかし、圧倒的な「関係性の貧困」の中、彼は「なりすまし」にあそこまで激怒しなければならないほど、知らず知らずに多くのものを奪われていた。

対話を通して、私は初めてくらいに加藤の心情に触れた気がした。

「部屋が広すぎるんだよ。

一人なら3畳でいいよ。

部屋の2／3は使ってないし。

寂しさが際立つだけ。

部屋の中に携帯のカチカチ音が虚しく響いている（後略）」

それを打ち込む加藤の様子が目に浮かぶ。


事件から、15年。

状況は少しは良くなったかといえば、ここまでお読み頂いてわかる通り答えはノーだ。08年に1700万人ほどだった非正規雇用者は約400万人増えて今や2100万人を突破し、08年に34％だった非正規雇用率は今や4割に迫る勢いだ。

そうして私たちは、15年分、年をとった。その分、体力はなくなり、職探しは若い頃より難しくなった。

それなのに、「連帯」は生まれない。

コロナ禍で多くのロスジェネがホームレス化に晒されていることは先に触れた通りだ。が、万策尽きて相談会などを訪れても、居合わせた彼らは目も合わせない。斎藤さんが語ったひきこもりと同じように、おそらくお互いを軽蔑しているから。「自分は色々な不運が重なって困窮しただけで、怠け者のこいつらとは違う」という思い。それが彼ら一人一人をギリギリのところで支えている。

加藤の中にも確実にあった「自分は弱者・被害者・犠牲者などではない」というプライド。それは現在、同じような境遇の人々の中でさらに強固になっているように感じる。アイデンティティと結びついたその思いを切り崩すことは、時に相手が立つ土台を崩してしまうような暴力的な行為だ。だから私は口ごもる。

「あなたは悪くない、社会が悪い」と言ったところで「いや自分のせいだって自分が一番わかってますから」と返す人々。そうやって、彼らは必死で自己防衛してきた。先回りして「自己責任」ということで、自分の心を守ってきた。「健全な被害者意識」を持とうものならよってたかってバッシングされる社会の中で、そんなふうに強固な鎧をまとわなければ生きてこられなかった。

だって、複雑怪奇な自己責任社会の中で、何が悪いかなんてもうとっくに誰にもわからない。理解しようとすれば恐ろしいほどの知識と労力と時間が必要だ。そのことに、みんなとっくに気づいている。だからこそ、誰かが名指しした「敵」がフェイクとわかっても、一瞬そのストーリーに乗ってスカッとする。

そんな果てに、中島さんが指摘するように、ターゲットは無差別ではなく、具体化してきてしまった。相模原障害者施設殺傷事件、京アニ放火事件、小田急線乗客刺傷事件、ウトロ放火事件――。

そうして22年7月、安倍晋三元首相銃撃事件が起きた。41歳・派遣社員が作った自作の銃によって、歴史が大きく捻じ曲げられた。そして23年4月、今度は岸田首相に24歳の男が自作のパイプ爆弾を投げつけた。

この対談原稿を整理しながら、中島さんの文庫『テロルの原点』を初めて読んだ。2009年に『朝日平吾の憂鬱』として出版されたものだ。秋葉原事件が執筆のきっかけだったという本書には、大正時代、加藤と同じような鬱屈を抱えた一人の青年が、安田財閥のトップを暗殺するテロに至るまでが描かれる。そこには、私たちもよく知る「生きづらさ」が焼き付けられていた。

中島さん、杉田さん、斉藤さん、平野さんと秋葉原事件をめぐる対話を通して、本当に多くのことを考えさせられた。

秋葉原事件をさまざまな角度から捉え返し、加藤を自傷的自己愛的な存在として分析し、「分人」を上手く生きられなかった加藤について、そして死刑制度がこの国にもたらすものについて語り、まるで綱渡りのような「インセルレフト」に一筋の希望を見出した、壮大な旅。

絶望的な状況をどうやって乗り越えるか、ヒントはそれぞれの章を通して語られたと思っている。あとはそれを受け取った人たちがどう活かしていくかだ。

最後に。鼎談では触れられなかったが、加藤智大の弟は14年、自ら命を絶っている。事件後、何度引っ越してもマスコミに追われ、そんな中でもできた恋人との結婚を彼女の両親に猛反対され、破局。そうして自ら命を断ったのだ。この時、加藤は31歳。弟の訃報をどう受け止めたのだろう。

7人が命を奪われ、10人が負傷した秋葉原無差別殺傷事件。ワケもわからないまま命を断ち切られた被害者とその家族、そして一命はとりとめたものの突然被害に遭遇した10人とその家族。

そして兄の起こした事件に苦しみ続けた加藤の弟。

39歳で、加藤の死刑は執行された。

しかし、事件は決して終わっていない。

それどころか、私たちはこれから「テロの時代」を生きるのかもしれないという不穏な予感が今、影のようにまとわりついている。

秋葉原事件を「テロリズム時代の幕開け」にしないために、できることはまだまだある。

など、ロスジェネ論壇に関わった。『対抗言論』編集委員、「すばるクリティーク賞」選考委員も務める。著書に『非モテの品格』（集英社新書）、『宮崎駿論』（NHKブックス）、『無能力批評』（大月書店）、『長渕剛論』（毎日新聞出版）、『戦争と虚構』（作品社）、『男がつらい！ 資本主義社会の「弱者男性」論』（ワニブックスPLUS新書）など多数。

斎藤環（さいとう・たまき）
1961年、岩手県生まれ。精神科医、批評家。筑波大学医学専門群卒業、医学博士。爽風会佐々木病院診療部長を経て、現在、筑波大学医学医療系社会精神保健学教授。専門は青年期の精神病理学・病跡学。漫画やアニメなど現代文化を精神分析の立場から解釈する。著書に、『思春期ポストモダン』（幻冬社新書）、『承認をめぐる病』（ちくま文庫）、『文脈病』（青土社）、『社会的ひきこもり』（PHP新書）、『関係の化学としての文学』（新潮社）、『オープンダイアローグがひらく精神医療』（日本評論社）、『「自傷的自己愛」の精神分析』（角川新書）など多数。

平野啓一郎（ひらの・けいいちろう）
1975年、愛知県生まれ、北九州市出身。小説家、芥川賞選考委員。京都大学法学部在学中に投稿した『日蝕』により芥川賞を受賞。以後、数々の作品を発表し、各国で翻訳紹介されている。美術、音楽にも造詣が深く、幅広いジャンルで批評を執筆。受賞歴に、芸術選奨文部科学大臣新人賞（『決壊』）、Bunkamuraドゥマゴ文学賞（『ドーン』）、渡辺淳一文学賞（『マチネの終わりに』）、読売文学賞（『ある男』）など。近著に、『本心』（文藝春秋社）、『死刑について』（岩波書店）、『三島由紀夫論』（新潮社）など多数。

著者プロフィール（＊登場順）

中島岳志（なかじま・たけし）

1975年、大阪府生れ。大阪外国語大学でヒンディー語を専攻、京都大学大学院博士課程修了、学術博士。『中村屋のボース　インド独立運動と近代日本のアジア主義』（白水社）で大佛次郎論壇賞・アジア太平洋賞大賞、『ナショナリズムと宗教』（春風社）で日本南アジア学会賞を受賞。北海道大学大学院法学研究科准教授を経て、現在、東京工業大学リベラルアーツ研究教育院教授。著書に、『パール判事』（白水社）、『秋葉原事件　加藤智大の軌跡』（朝日新聞出版）、『「リベラル保守」宣言』（新潮社）、『血盟団事件』（文藝春秋）、『アジア主義』（潮出版）、『下中彌三郎』（平凡社）、『思いがけず利他』（ミシマ社）、『テロルの原点』（新潮文庫）など多数。

雨宮処凛　（あまみや・かりん）

1975年、北海道生まれ。作家・活動家。フリーターなどを経て、自伝的エッセイ『生き地獄天国』（太田出版／ちくま文庫）で2000年デビュー。2006年より格差・貧困問題に取り組み、この国の“生きづらさ”に関して、著作やメディアなどで積極的に発言。『生きさせろ！ 難民化する若者たち』（太田出版／ちくま文庫）でJCJ賞（日本ジャーナリスト会議賞）を受賞。「反貧困ネットワーク」世話人。著書に、『相模原事件・裁判傍聴記－「役に立ちたい」と「障害者ヘイト」のあいだ』（太田出版）、『非正規・単身・アラフォー女性』（光文社新書）、『女子と貧困』『コロナ禍、貧困の記録』（以上、かもがわ出版）、『学校では教えてくれない生活保護』（河出書房新社）など多数。

杉田俊介（すぎた・しゅんすけ）

1975年、神奈川県生まれ。批評家。法政大学大学院修士課程（日本文学専攻）修了。自らのフリーター経験をもとに『フリーターにとって「自由」とは何か』（人文書院）を刊行する

著　者
中島 岳志（なかじま・たけし）
雨宮 処凛（あまみや・かりん）
杉田 俊介（すぎた・しゅんすけ）
斎藤 環（さいとう・たまき）
平野 啓一郎（ひらの・けいいちろう）

装　丁
守分 美佳

秋葉原事件を忘れない
　——この国はテロの連鎖へと向かうのか

2023年9月5日　第一刷発行

著　者　© 中島岳志
　　　　© 雨宮処凛
　　　　© 杉田俊介
　　　　© 斎藤環
　　　　© 平野啓一郎
発行者　竹村 正治
発行所　株式会社かもがわ出版
　　　　〒602-8119　京都市上京区堀川通出水西入
　　　　TEL075-432-2868　FAX075-432-2869
　　　　振替 01010-5-12436
　　　　ホームページ http://www.kamogawa.co.jp
印　刷　シナノ書籍印刷株式会社

ISBN978-4-7803-1289-8　C0036